Die Geschichte des Dritten Reiches

Dr. Torsten Körner ist freier Autor und Lektor in Berlin. Nach dem Studium der Germanistik und Theaterwissenschaften arbeitete er vor allem als Medienkritiker.

Die Geschichte des Dritten Reiches

erzählt von

Torsten Körner

Bildgestaltung von
Silke Henßel

Campus Verlag
Frankfurt/New York

Die Deutsche Bibliothek – CIP-Einheitsaufnahme

Ein Titeldatensatz für diese Publikation ist bei
Der Deutschen Bibliothek erhältlich.
ISBN 3-593-36274-0

Umschlaggestaltung: Guido Klütsch, Köln
Umschlagmotiv: Silke Henßel, Mainz
Karten: Ditta Ahmadi und Peter Palm, Berlin
Satz: Fotosatz L. Huhn, Maintal-Bischofsheim
Druck und Bindung: Druckhaus Beltz, Hemsbach
Gedruckt auf säurefreiem und chlorfrei gebleichtem Papier.
Printed in Germany

Inhalt

Vorwort

Viel gesprochen hat er nie. Einen Tag nach meinem elften Geburtstag zog mein Großvater zu uns. Er war sehr krank, sein Gesicht war grau, und manchmal zitterten seine Hände, wenn er sich eine Zigarette ansteckte. Ob er mit meinem Bruder oder meiner Schwester mehr gesprochen hat als mit mir, weiß ich nicht, ich glaube es aber nicht. Immerhin war ich der einzige in der Familie, der sich zusammen mit ihm alle Fußballspiele im Fernsehen anschaute. Da waren wir Verbündete. Er saß dann weit vorgebeugt auf seinem Stuhl und kaute nervös an den Fingernägeln. Er schimpfte: »Kannste vergessen. So nicht. Flaschen. Nee, nee, das wird nichts mehr!« Er glaubte eigentlich nie daran, dass unsere Mannschaft gewinnen könnte. Mich machte das wirklich wütend. »Hör auf! Sei doch mal still!«, sagte ich und sah ihn böse von der Seite an. Er blickte auf den Bildschirm und schien mich gar nicht zu bemerken.

An meinem sechzehnten Geburtstag ist mein Großvater gestorben. War ich traurig? Ich hatte ihn kaum gekannt. Meine Mutter sagte: »Es ist wegen dem Krieg. Der Krieg hat ihn so gemacht.« Mein Großvater hatte im Zweiten Weltkrieg in Russland gekämpft, er war gefangengenommen worden und erst nach fünf Jahren Kriegsgefangenschaft nach Hause zurückgekehrt. In der Gefangenschaft hatte er eine Krankheit bekommen, die seine Leber stark angriff. Daran war er schließlich auch gestorben. Als ich ihn einmal danach fragte, was er denn im Krieg erlebt habe, erzählte er mir von einem wilden Bären, den er und seine Kameraden damals gefangen hätten. Sonst nichts.

Erst viele Jahre später habe ich begriffen, dass das Leben meines Großvaters und die Bilder vom Krieg, die ich aus dem Fernsehen kannte, zusammengehörten. Mir war das vorher nie klar gewesen, obwohl ich diese Kriegsbilder sehr häufig gesehen hatte. Man blickte aus der Perspektive eines Flugzeugpiloten auf die Städte. Bomben, die wie schwarze Fische aussahen, fielen tiefer und tiefer. Manchmal konnte man sehen, wie sie auf dem Boden einschlugen. Dann sah man zerstörte Häuser, Ruinen überall, Trümmer. Menschen flüchteten. Sie zogen Handkarren hinter sich her, Mütter trugen winzige Kinder auf den Armen, alte Menschen schlurften ganz langsam an der Kamera vorbei oder saßen mit leeren Gesichtern auf Wagen, die von Pferden gezogen wurden. Die Flüchtlinge fürchteten sich vor den feindlichen Soldaten. Waren es deutsche oder russische Soldaten, die im Anmarsch waren? War mein Großvater ein Soldat, vor dem andere Menschen flüchten mussten? Hatte er andere Menschen getötet?

Es waren aber nicht nur die Bilder von Soldaten, flüchtenden Menschen und zerstörten Städten, die mir in Erinnerung blieben. Zu den Bildern kamen Wörter. Die Sprecher im Fernsehen sagten »Verbrechen«, »Gaskammer« oder »Auschwitz«. Dazu sah ich Bilder, die aus einer ganz anderen Welt zu kommen schienen, die mit meiner Welt wahrscheinlich nichts zu tun hatte. Oder doch? Ein Schaufelbagger schob menschliche Körper zusammen, als ob sie nur Müll seien. In einer Grube lagen Menschen, wild übereinander geworfen, Arme, Beine, Köpfe, alles unnatürlich verdreht.

Der Sprecher sagte, diese Menschen seien Juden gewesen und deshalb habe Hitler sie ermorden lassen. Plötzlich sah man Menschen, die Hitler zujubelten, sie riefen »Heil Hitler« und hoben den rechten Arm mit ausgestreckter Hand. Es waren Tausende, Zehntausende, die mit kleinen Fähnchen winkten, die sich nach vorne drängelten, um die glänzende Limousine des Führers besser sehen zu können. Hitler stand aufrecht in dem großen offenen Wagen, hielt sich vorne an der Scheibe fest und grüßte mit erhobenem Arm. Was hatten diese fröhlichen und begeisterten Menschen mit den Leichen zu tun, die übereinander geworfen in den Gruben oder auf Haufen lagen? Hatten auch sie die Juden gehasst?

Unser Geschichtslehrer hatte noch als Siebzehnjähriger im Zweiten Weltkrieg kämpfen müssen. An der rechten Hand fehlten ihm

zwei Finger, die ihm von einem Bombensplitter abgerissen worden waren. In seinem Unterricht erfuhr ich etwas über das »Dritte Reich«. Dass es von 1933 bis 1945 gedauert habe. Am 30. Januar 1933 sei Adolf Hitler zum Reichskanzler ernannt worden, am 30. April 1945 habe er sich in seinem unterirdischen Bunker in Berlin das Leben genommen. Was war in diesen zwölf Jahren geschehen? Die Deutschen und ihr Führer hatten über ganz Europa Krieg und Terror gebracht. Hitler entfesselte den Zweiten Weltkrieg, in dem mindestens 55 Millionen Menschen getötet wurden, so viele wie heute in den alten Bundesländern leben. Mehr als sechs Millionen Menschen wurden von den Deutschen umgebracht, nur weil sie Juden waren. Ich lernte, dass die Nationalsozialisten diesen millionenfachen Mord »die Endlösung« nannten. Was hatten ihnen die Juden getan?

Und wer genau waren eigentlich die Nationalsozialisten? Dass nicht alle Deutschen Nationalsozialisten gewesen sein konnten, lag für mich auf der Hand: Immerhin hatte es Deutsche gegeben, die gegen Hitler gekämpft und dafür mit ihrem Leben bezahlten hatten. Doch wer waren die vielen Menschen, die ihm zugejubelt hatten?

Und wie viele von ihnen hatten mitgeholfen, die Juden zu ermorden? Ganz allein oder mit wenigen Helfern konnte Hitler solche Verbrechen doch gar nicht verübt haben. Und wie viele hatten von diesem Mord gewusst? Trug mein Großvater Verantwortung? Oder mein Vater, der mit zehn Jahren in die Hitler-Jugend eintreten musste?

Als ich mir diese Fragen stellte, merkte ich plötzlich, dass die Geschichte des Dritten Reichs nicht bloß in den Schulbüchern stand oder über die Bildschirme flimmerte. Sie war nicht vergangen. Diese Geschichte gehörte zu meiner Familie, und die Geschichte meiner Familie war wiederum ein Teil dieser großen Geschichte. Je mehr ich mit meinen Eltern über das Dritte Reich sprach, desto klarer wurde mir dieser Zusammenhang. Selbst meine eigene Lebensgeschichte konnte ich jetzt mit der Geschichte des Dritten Reichs in Verbindung setzen.

Heute würde ich meinen Großvater vielleicht besser verstehen. Und ich hätte ganz sicher viele Fragen an ihn. Kannst du dich noch an die Weimarer Republik erinnern? Hast du diese erste deutsche Demokratie abgelehnt wie viele andere Deutsche auch? Hat deine Familie für Hitler gestimmt, oder hattet ihr Angst vor ihm? Konnte man nicht wissen, welche Verbrechen die Nationalsozialisten vorbereiten? Mit welchen Gefühlen bist du in den Krieg gezogen? Habt ihr nicht gewusst, dass man eure jüdischen Nachbarn oder Bekannten umbringt? Dass die Nationalsozialisten Schritt für Schritt einen noch nie da gewesenen Massenmord organisierten und durchführten? Was hätte er mir geantwortet? Hätte er mir überhaupt geantwortet?

Mich beschäftigen und beunruhigen diese Fragen noch immer. Ich lebe in Berlin, der Hauptstadt des wiedervereinigten Deutschlands. Es ist noch gar nicht lange her, da wurde in dieser Stadt ein mörderischer Krieg geplant und die Vernichtung der europäischen Juden beschlossen. Sechzig Jahre später fahren blitzende Touristenbusse durch das Brandenburger Tor, überall stehen Kräne, Baugruben werden ausgehoben, Häuser hochgezogen, neue Bahnhöfe und Stadtviertel entstehen. Auf dem Potsdamer Platz, der im Krieg völlig zerstört worden war und viele Jahre bloß eine wüste Fläche voller Gras und Unkraut gewesen ist, stehen heute wieder Kinos, Hotels, Geschäfte, Restaurants und Theater. Doch Asphalt, Beton, Stahl und Glas schließen nur Baulücken. Die Fragen bleiben.

Noch immer wird darüber gestritten, mit welchem Denkmal man in Berlins Mitte an die ermordeten Juden Europas erinnern will. Viele Deutsche wollen nicht einsehen, dass das Dritte Reich nicht aufhört, ein Teil unserer Geschichte zu sein. Sie wollen lieber einen Schlussstrich unter dieses Thema ziehen. Ihnen sind Denkmäler für die Opfer des Dritten Reichs lästig. Doch ein Blick in die Zeitungen zeigt, dass es in Deutschland auch heute noch Hass gegen Juden und Ausländer gibt. Jüdische Schulen und Synagogen müssen gegen Anschläge durch die Polizei geschützt werden, Menschen werden zu Tode geprügelt, weil sie fremdländisch aussehen, Unterkünfte für Asylbewerber werden in Brand gesteckt. Wie kann das mitten unter uns geschehen? Die Fragen bleiben.

Die Vorgeschichte

Die Revolution

Natürlich hat das Dritte Reich eine Vorgeschichte, es ist den Deutschen nicht urplötzlich auf den Kopf gefallen, und es hätte durchaus verhindert werden können. Um zu verstehen, wie es zum Erfolg Hitlers und des Nationalsozialismus kommen konnte, müssen wir uns zuerst klar machen, warum die Weimarer Republik scheiterte. Hitlers Aufstieg zur Macht ist eng mit der Zerstörung dieser ersten deutschen Demokratie verbunden. Wie kam es dazu? Blicken wir zunächst zurück auf den Ersten Weltkrieg:

Im Spätherbst 1918 dauerte der Krieg bereits über vier Jahre. Jubelnd wie fast alle anderen europäischen Nationen auch waren die Deutschen unter ihrem Kaiser Wilhelm II. im August 1914 gegen Frankreich, Russland und England ins Feld gezogen. Man hatte gehofft, die Gegner in einem schnellen Krieg besiegen zu können, doch es folgte ein endloser, zermürbender Kampf. Dabei wurden Millionen Soldaten getötet, verstümmelt. Viele der überlebenden Männer wurden seelisch niemals mehr gesund, so furchtbar waren ihre Erlebnisse in den grausamen Schlachten.

Jetzt waren die Deutschen müde und niedergeschlagen. Sie wurden von Tag zu Tag unzufriedener. Ein Teil der Arbeiterbewegung, die unabhängigen Sozialdemokraten (USPD), hatte schon lange gegen den Krieg protestiert. Im September 1918 forderten sogar die kriegsbegeisterten Generäle, die immer gegen Friedensverhandlungen gewesen waren, einen Waffenstillstand. Die Ungeduld der Bevölkerung wuchs: Macht endlich Schluss mit dem Gemetzel! Gebt uns etwas zu essen! Wofür sind unsere Söhne und Männer gestorben! Der Kaiser muss weg!

Überall waren solche Rufe zu hören, als am 28. Oktober mehrere tausend Matrosen in Wilhelmshaven rebellierten. Sie verweigerten den Befehl, für ein letztes Gefecht mit ihrer Flotte auszulaufen. Sie wollten nicht sinnlos sterben. Zwar verhaftete man etwa tausend Matrosen, aber die Lawine war jetzt nicht mehr aufzuhalten. In Kiel protestierten Soldaten gegen die Verhaftung ihrer Kameraden, es kam zu Schießereien, die Offiziere wurden überwältigt, und am Abend des 4. November beherrschten die aufständischen Matrosen und Soldaten die Stadt.

Von Kiel aus verbreitete sich der Umsturz im ganzen Kaiserreich. Die Arbeiter schlossen sich den Soldaten an, schnell wurden Arbeiter- und Soldatenräte gebildet. Die Räte wurden an der Basis in den Betrieben und Kasernen gewählt und sollten die politischen Rechte der Arbeiter und Soldaten sichern und wahrnehmen. Mitglieder der Sozialdemokratie und der Gewerkschaften übernahmen auf

Der sozialistische Führer Karl Liebknecht (Mitte) und seine Anhänger auf dem Weg zum Berliner Schloss, wo er die freie sozialistische Republik ausruft.

örtlicher Ebene das Kommando, niemand wollte mehr auf einen Befehl von oben warten. Die alten Mächte, die Monarchisten, sahen tatenlos zu. Die Werkzeuge ihrer Macht, die Polizei und das Militär, griffen nicht ein.

Wilhelm II. aber wollte nicht abdanken. Doch niemand glaubte mehr an die Zukunft dieses Kaisers. So floh er schließlich nach Holland. Inzwischen war die revolutionäre Welle am 9. November auch in Berlin angekommen. Der letzte kaiserliche Reichskanzler Prinz Max von Baden gab auf eigene Faust die Abdankung des Kaisers bekannt und ernannte – ohne dafür die Befugnis zu haben – Friedrich Ebert, den Führer der SPD, zum Reichskanzler.

Die politische Entwicklung Deutschlands war zu diesem Zeitpunkt noch völlig unklar und stark umkämpft. Würde Deutschland eine Monarchie bleiben? Oder würden sich die Kräfte durchsetzen, die die Errichtung einer sozialistischen Räterepublik forderten? In dieser gespannten Situation rief der Sozialdemokrat Philipp Scheidemann am 9. November 1918 gegen 14 Uhr die »Deutsche Republik« aus. Nur zwei Stunden später verkündete der Sozialist Karl Liebknecht die »freie sozialistische Republik«.

Erst in den nächsten Monaten setzten sich innerhalb der zerstrittenen SPD die Politiker um Ebert und Scheidemann durch, die eine parlamentarische Republik errichten wollten. Mit Hilfe der alten Armee und der neugebildeten Kampfverbände,

der Freikorps, bekämpfte Ebert als Führer einer Übergangsregierung radikale Sozialisten und Kommunisten. Der Aufstand der radikalen Linken wurde im Januar 1919 mit großer Brutalität niedergeschlagen. Der Bund der Regierung mit den alten Mächten der Monarchie verhinderte, dass die Revolution die deutsche Gesellschaft entschiedener veränderte. Eine Reichskonferenz der Arbeiter- und Soldatenräte, die die zukünftige Gestaltung Deutschlands bestimmen sollte, entschied am 20. Dezember 1918 mit großer Mehrheit, dass am 19. Januar 1919 eine verfassunggebende Nationalversammlung zu wählen sei. Damit war der Weg für eine parlamentarische Demokratie frei geworden.

Schließlich bestätigten die Wahlergebnisse zur Nationalversammlung die Politik Eberts. Für eine sozialistische Revolution mit ungewissem Ausgang gab es in Deutschland keine Mehrheit bei der Bevölkerung. Bei den Wahlen siegten die gemäßigten Kräfte: Die Sozialdemokraten, die katholische Zentrumspartei und die linksliberale Deutsche Demokratische Partei (DDP) erhielten zusammen 76 Prozent der Stimmen. Aus Angst vor neuen Unruhen und Umsturzversuchen in Berlin trat die verfassunggebende Nationalversammlung am 6. Februar in Weimar zusammen, weil die Stadt leichter vor Anschlägen zu schützen war. Weil sich das Parlament erstmals in Weimar versammelte, bezeichnete man die junge Republik dann als Weimarer Republik.

In Weimar wurde Friedrich Ebert am 11. Februar von den Fraktionen der SPD, des Zentrums und der DDP zum ersten Reichspräsidenten der Republik gewählt. Unter der Leitung des Reichsministerpräsidenten Philipp Scheidemann bildeten diese Parteien dann auch ein Koalitionskabinett. Auf die neue Regierung, die als Weimarer Koalition bezeichnet wurde, warteten jedoch schwierige Aufgaben: Die junge Republik musste gegen gewaltbereite Gegner, die die Demokratie radikal ablehnten, verteidigt werden. Außerdem war man gezwungen, einen Friedensvertrag mit den Siegern des Krieges abzuschließen.

Die Menschen auf dem Münchner Odeonsplatz jubeln, als am 2. August 1914 der Krieg verkündet wird. In der Vergrößerung sieht man den noch unbekannten 25-jährigen Adolf Hitler.

Hitler, ein junger Mann

Adolf Hitler, der Führer des Dritten Reichs, der schrecklichste Diktator des 20. Jahrhunderts, war kein Monster. Büchern, Filmen oder Menschen, die erzählen, dass Hitler die Deutschen betrogen habe, dass er allein an den Verbrechen des Nationalsozialismus schuld sei, muss man misstrauen. Kein Mensch kann allein andere Völker überfallen, keiner kann allein Autobahnen, Panzerfabriken und Konzentrationslager bauen.

Deshalb ist die Geschichte des Dritten Reichs nicht nur die Geschichte Adolf Hitlers. Nur weil viele Deutsche damals seine Empfindungen, Ängste, Vorurteile und Meinungen teilten, konnte dieser Mann,

Hitler (rechts) als junger Soldat im 1. Weltkrieg.

der lange Zeit seines Lebens nicht sonderlich auffiel, schließlich ein mächtiger Herrscher werden. Um das zu begreifen, muss man sich einmal ansehen, wo und wie Hitler lebte, als am 9. November 1918 in Berlin die Republik ausgerufen wurde.

Hitler war zu diesem Zeitpunkt 29 Jahre alt. Er lag in einem Militärkrankenhaus und erholte sich von den Folgen einer Kriegsverletzung. Sein Leben bis dahin war keine Erfolgsgeschichte: Er war kein guter Schüler gewesen. Was er vom Leben wollte, wusste er nicht so genau. Er war ein Träumer. In seinen Fantasien verwandelte er sich in einen großen Maler oder Architekten, in einen Künstler, der die Menschen bewegte. Doch dieser Traum war bald ausgeträumt. In Wien fiel er zwei Mal durch die Aufnahmeprüfung zur Kunstakademie. Er habe kein Talent, sagte man ihm. Er malte Postkarten und Werbeplakate, um sich über Wasser zu halten. Hitler verarmte und wohnte in Unterkünften für Obdachlose. Nichts deutete darauf hin, was aus diesem sehr durchschnittlichen jungen Mann einmal werden sollte.

1914 meldete sich Hitler ebenso wie Millionen anderer Männer freiwillig zur Armee. Er war einer von vielen und blieb es bis zum Kriegsende. Er hatte keine Ausbildung, keine Arbeit, keine Freunde. Seine Eltern waren tot, sein Leben als Soldat hatte ihm Halt gegeben, auch das war jetzt vorbei. Er las gerne Zeitungen; er hatte ein paar politische Ansichten und Meinungen, aber auch die unterschieden ihn kaum von seinen Kameraden. Auffällig an ihm war höchstens die Energie und die rechthaberische Leidenschaft, mit der er seine Standpunkte vertrat. Dass die Juden die Niederlage und die Revolution verschuldet hätten, brüllten viele andere auch, er schrie es ein bisschen lauter. Wohin sollte ein Verlierer wie er gehen? Was sollte er machen?

Die Verfassung der Weimarer Republik

Warum konnte die Weimarer Republik von ihren Gegnern – Hitler war nur einer von vielen – scheinbar so mühelos zerstört werden? Ein Grund waren die Schwächen der Weimarer Verfassung. Im Rückblick lassen sich Fehler immer leicht entdecken. Doch als die Verfassung am 11. August 1919 verabschiedet wurde, waren die Demokraten aus gutem Grund stolz auf sie. Das allgemeine, gleiche, unmittelbare und geheime Wahlrecht wurde durchgesetzt. Zum ersten Mal durften Frauen mitwählen. Neu war auch die Herabsetzung des Wahlalters von 25 auf 20 Jahre.

Zur Gefährdung für die Republik wurde jedoch die sehr starke Stellung des Reichspräsidenten, der direkt vom Volk gewählt wurde. Der berühmte Artikel 48 der Verfassung erlaubte es dem Reichspräsidenten, in Krisenzeiten Notverordnungen zu erlassen, eine Reihe von Grundrechten außer Kraft zu setzen und mit diktatorischer Gewalt ohne das Parlament zu regieren. Einen demokratischen Politiker wie Friedrich Ebert hat diese Machtfülle nicht in Versuchung geführt. Nach seinem Tod wurde aber 1925 der Weltkriegsgeneral Paul von Hindenburg zum Reichspräsidenten gewählt.

Konnte sich die Demokratie auf diesen Kriegshelden, der bei seiner Wahl schon 78 Jahre alt war, verlassen? Als treuer Anhänger des Kaisers verachtete er die Republik. Für viele Deutsche wurde Hindenburg eine Art »Ersatzkaiser«, dem sie vertrauten, weil er die »gute, alte Zeit« verkörperte. Die letzten Jahre der Weimarer Republik zeigten, wie sehr der alte Mann und

Der junge Parlamentarismus. Kaum erblüht – schon naht der vernichtende Artikel 48!

Plakat zu den Friedensbeschlüssen von Versailles, 1919.

seine Berater die Demokratie ablehnten und an ihrer Abschaffung arbeiteten.

Wenn die Deutschen geübte und überzeugte Republikaner gewesen wären, dann hätte ihnen die Weimarer Verfassung ein freiheitliches und demokratisches Zusammenleben garantiert. Doch die meisten von ihnen sehnten sich gerade in Notzeiten nach einem Staat, an dessen Spitze ein starker Mann für Ruhe und Ordnung sorgte. Insofern war die Weimarer Verfassung eine Art »Schönwetterverfassung«, die nur funktionierte, wenn das politische Klima freundlich und ausgeglichen war. Gegen die Feinde der Republik jedoch war diese Verfassung schlecht gerüstet, weil sie ihnen zu viele Spielräume bot, um die Demokratie zu zerstören.

Der Versailler Vertrag

Für das Scheitern der Weimarer Republik und für den Erfolg Hitlers kommt dem Versailler Vertrag eine wichtige Bedeutung zu. Sehen wir uns deshalb an, wie er zustande kam, und wie er von den Gegnern der Republik benutzt wurde, um sie bekämpfen.

Nachdem das Deutsche Reich den Krieg verloren hatte, stellten die Siegermächte Frankreich, England und Amerika ihre Friedensbedingungen im Versailler Vertrag. Er wurde am 28. Juni 1919 von der deutschen Regierung unterzeichnet.

Die Friedensbedingungen der Sieger waren hart: Deutschland sollte ein Siebtel seines Gebietes (70 579 Quadratkilometer), das ist ziemlich genau die Größe Bayerns, ein Zehntel seiner Bevölkerung (7,3 Millionen Einwohner), seine Kolonien und große Teile seiner Zink- und Eisenerzförderung sowie der Steinkohleförderung und der Getreideernte abtreten. Außerdem musste das Heer auf 100 000 Soldaten verkleinert werden. Es durfte keine schwere Artillerie und Panzer besitzen, und die allgemeine Wehrpflicht wurde abgeschafft. Der Vertrag besagte auch, dass allein Deutschland und seine Verbündeten am Ausbruch des Krieges schuld gewesen seien. Deshalb müssten sie auch allein für die entstandenen Verluste und Schäden aufkommen.

Niemand in Deutschland wollte diesen »Diktatfrieden« – wie man den Vertrag damals nannte – unterschreiben. Der Reichskanzler Philipp Scheidemann trat von seinem Amt zurück und rief empört: »Der Vertrag ist unerträglich und unerfüllbar. Welche Hand müsste

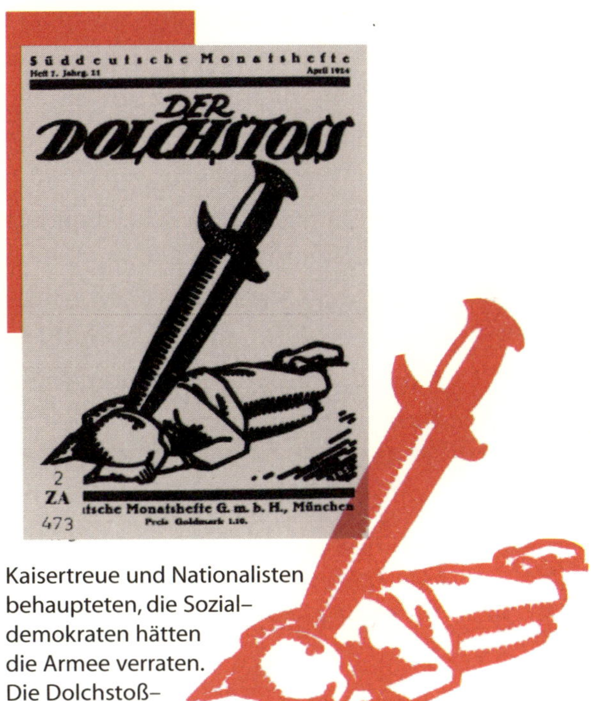

Kaisertreue und Nationalisten behaupteten, die Sozialdemokraten hätten die Armee verraten. Die Dolchstoßlegende war ein äußerst wirksames Bild ihrer Propaganda.

nicht verdorren, die sich und uns in solche Fesseln legte.« Die Siegermächte lehnten jedoch alle Änderungsvorschläge der Weimarer Regierung ab und drohten mit dem Einmarsch von Truppen, falls die Friedensbedingungen nicht angenommen werden würden. Die Deutschen wollten nicht sehen, dass sie im Fall des eigenen Sieges mit den Besiegten kaum nachsichtiger oder schonender umgegangen wären. Und dass Frankreich durchaus ein berechtigtes Misstrauen gegen den militärisch aggressiven Nachbarn hatte und sich durch den Versailler Vertrag gegen ihn absichern wollte, wurde ebenfalls kaum anerkannt. Widerwillig und unter Protest unterzeichnete die deutsche Regierung den Vertrag.

Die Politiker der Weimarer Koalition ahnten, dass man jetzt ihnen die Schuld für die harten Vertragsbedingungen in die Schuhe schieben würde. Die Militärs und Generale hatten sich geweigert, an den Verhandlungen teilzunehmen und den Vertrag zu unterzeichnen. Für die militärische Niederlage und die unbequemen Friedensbedingungen wollten die Kriegshelden Hindenburg und Ludendorff keine Verantwortung übernehmen.

Der Versailler Vertrag belastete Deutschland wirtschaftlich, weil man als Entschädigung sehr viel Geld und Güter abgeben musste. Zu einem gefährlicheren Gift für die junge Republik wurde aber die Behauptung, dass die Sieger durch ihr »Diktat« die nationale Ehre verletzt hätten. Diese Einstellungen bereiteten Hitlers Erfolg als Diktator vor. Ihm, dem starken Mann, traute man zu, dass er die Deutschen von der »Schmach« und »Schande« reinwaschen würde. Die Politiker der Weimarer Koalition jedoch wurden zu Sündenböcken gestempelt: Nicht dem Kaiser und den Militärs, die die Kriegsniederlage und die Friedensbedingungen eigentlich zu verantworten hatten, gab man die Schuld, sondern den Demokraten, die jetzt als »Vaterlandsverräter« beschimpft wurden.

Auch die »Dolchstoßlegende« entwickelte in diese Richtung eine große Wirkung. In aller Öffentlichkeit hatte der Feldmarschall Hindenburg am 18. November 1919 behauptet: »Die deutsche Armee ist von hinten erdolcht worden.« Damit meinte er, dass Flotte und Heer im Feld unbesiegt seien, aber durch die Parteien und die Revolution

Bewaffnete Putschisten in München, 9. November 1923. Hitlers erster Versuch, an die Macht zu kommen, scheiterte an diesem Tag kläglich.

verraten worden wären. Vor allem den Sozialisten gab man die Schuld an der Niederlage.

Gefahren für die Republik

Die Weimarer Republik war immer gefährdet, aber in den ersten Jahren von 1919 bis 1923 stand sie auf ganz besonders schwachen Beinen. In diesen Jahren hätte die Republik eine starke Regierung gebraucht; doch durch die anhaltende Hetze gegen den Versailler Vertrag und die junge Republik wendete sich das Blatt gegen die Weimarer Koalition. Bei der Reichstagswahl 1920 verloren SPD, Zentrum und DDP ihre absolute Mehrheit und rutschten von 76 Prozent auf 43 Prozent der Stimmen ab. Die demokratischen Parteien gewannen diese Mehrheit in der Weimarer Republik nicht mehr zurück. Regierungsbildungen waren fortan nur möglich, wenn man zumindest eine der antidemokratischen Parteien in die Regierungsarbeit einband.

In dieser Situation innenpolitischer Schwäche witterten vor allem die rechten Gegner der Republik ihre Chance. Eine Reihe von Putsch- und Umsturzversuchen erschütterte das Land, auf den Straßen herrschte blutiger Bürgerkrieg, ein Attentat jagte das andere.

Auch die sich zuspitzende Inflation, die Entwertung des Geldes, die bereits 1914 eingesetzt hatte, brachte die Republik 1923 an den Rand des Zusammenbruchs. Um die ungeheueren Kriegsfolgekosten und die Reparationen an die Sieger bezahlen zu können, hatte die Regierung immer mehr Geld in Umlauf gebracht. Gleichzeitig verknappte sich das Warenangebot, das Geld verlor seinen Wert. Für ein Brot, das 1919 noch 80 Pfennige gekostet hatte, musste man 1921 schon 3,90 Mark bezahlen, im August 1923 waren es dann schon 69 000 Mark, und im Dezember 1923 lag der Preis für ein Brot bei der unvorstellbar hohen Summe von 399 000 000 000 Mark.

Wer jetzt noch sein Gehalt bekam, gab es sofort aus, weil es bereits Stunden später keinen Wert mehr hatte. Schließlich tauschte man nur noch Waren, der Geldumlauf war völlig zusammengebrochen. Viele Unternehmer und Besitzer von Sachwerten profitierten von der Inflation, die kleinen Leute jedoch verloren ihre Sparvermögen, viele gerieten in Not. Ihr Vertrauen in die Demokratie war auf dem Tiefpunkt angelangt. Erst 1924 konnte durch die Einführung einer neuen Währung, der Rentenmark, die Inflation beendet werden.

Das Krisenjahr 1923 ist auch deshalb bemerkenswert, weil hier erstmals Adolf Hitler sichtbare Spuren in der deutschen Geschichte hinterließ. Am 9. November 1923 versuchte er mit seinen Anhängern einen Umsturz. Er wollte die Regierung in Berlin absetzen und zusammen mit General Ludendorff eine »provisorische deutsche National-Regierung« bilden. Doch dazu kam

Geldschein vom Höhepunkt der Inflation.

es nicht: Der Putsch war kläglich vorbereitet, und die bayerische Landespolizei stoppte die Verschwörer. Adolf Hitler wurde verhaftet und später zu fünf Jahren Festungshaft verurteilt. Doch diese Episode blieb nicht folgenlos für die Republik, wie damals die meisten Zeitgenossen glaubten. Dass Hitler noch einmal zurückkehren würde, diesmal mit anderer Taktik, ahnte Ende 1923 niemand.

Hitler auf dem Weg nach oben

Als 1919 die Republik ausgerufen wurde, war Hitler ein Fantast und ein sehr durchschnittlicher Mann. Viele, die ihn damals kannten, taten ihn als Spinner ab. Warum marschierte er dann 1923 in München an der Spitze eines Putsches, der die Reichsregierung in Berlin hinwegfegen wollte? Warum war dieser Mann jetzt der Führer der NSDAP, einer rechtsextremen Partei mit immerhin 50 000 Mitgliedern? Und warum stand er plötzlich neben dem berühmten Weltkriegsgeneral Ludendorff im Licht der Öffentlichkeit? Ohne Zweifel: Dem bis dahin ziellosen Träumer war eine Karriere gelungen. Bloß wie? Schauen wir uns einmal an, was er in der Zwischenzeit gemacht hatte.

Nachdem Hitler aus dem Lazarett entlassen worden war, ging er nach München und meldete sich dort bei seinem alten Regiment. Bald fiel seinen Vorgesetzten auf, dass er ein talentierter Redner war, der durch »seinen Fanatismus und sein populäres Auftreten die Zuhörer unbedingt zur Aufmerksamkeit und zum Mitdenken zwingt.« Gute Redner konnte man gebrauchen; so ließ man ihn weiter an politischen Fortbildungskursen teilnehmen und setzte ihn hin und wieder als Spitzel ein.

Als Beobachter wurde er dann auch zu einer Sitzung der neu gegründeten Deutschen Arbeiter Partei (DAP) geschickt. Zu diesem Zeitpunkt war die DAP eine kleine nationalsozialistische Partei, zu deren Sitzungen höchstens zwanzig bis dreißig Leute kamen. Ihr Vorsitzender und Mitbegründer Anton Drexler, ein Werkzeugschlosser, war ein einfacher Mann, der von einer großen und kräftigen Nation träumte. Man traf sich in Brauhäusern und Wirtsstuben, trank Bier, machte die Juden für alles Unglück der Welt verantwortlich, man schimpfte auf die Regierung, die Demokratie und das Versailler

Mitglieder eines Freikorps marschieren 1919 in München ein. Viele tragen bereits das Hakenkreuz, obwohl es die NSDAP noch nicht gab. Das Hakenkreuz war ein traditionelles Emblem der Rechten.

»Schanddiktat«. Dieses Gerede hörte man an vielen Stammtischen, und die DAP war nur eine von 70 Miniparteien, die ähnlich antidemokratisch, antisemitisch und nationalistisch daherkamen.

Obwohl Hitler von der Bierstubenpartei DAP nicht sonderlich beeindruckt war, trat er ihr im September 1919 bei. Hier fand er immerhin einen Kreis von dankbaren Zuhörern. Für seine wilden Reden klatschten sie ihm begeistert Beifall, weil er das, was sie dachten und fühlten, viel leidenschaftlicher und mitreißender vortragen konnte, als sie selbst es gekonnt hätten. Hitler wurde ihr Sprachrohr, ihr Lautsprecher, ihr Gefühlsverstärker. Er ließ sich von der Begeisterung seines Publikums anfeuern und spürte gefühlsmäßig, was es hören wollte.

Hitler, der einfache Soldat, entdeckte sein Talent, die Vorurteile, Wünsche und Ängste seiner Zuhörer wirkungsvoll zum Ausdruck zu bringen. Er ließ sich von den Gefühlen des Publikums anstecken, entwickelte dadurch weitere Energien und fasste die Stimmungen in schlagkräftigen Parolen zusammen. Immer mehr Menschen wollten hören, was Hitler zu verkünden hatte. Jetzt kamen diejenigen, die von der Republik enttäuscht waren, die vor dem Fortschritt und der Zukunft Angst hatten. Die Partei musste in größere Säle umziehen, die Zahl der Mitglieder wuchs sprunghaft.

Im Februar 1920 wurde die DAP in Nationalsozialistische Deutsche Arbeiterpartei umbenannt, kurz NSDAP. Ihr Zeichen war das Hakenkreuz, das die Mitglieder auf Fahnen oder Plakaten zeigten oder auf Armbinden trugen. Und weil eine ordentliche Partei auch ein Parteiprogramm braucht, verkündete Adolf Hitler ein 25-Punkte-Programm, das er zum Teil selbst geschrieben hatte. Dieses bunte Gemisch nationalistischer Parolen, judenfeindlicher Schmähungen (»Kein Jude kann Volksgenosse sein«) und völkischer Positionen (»Volksgenosse kann nur sein, wer deutschen Blutes ist«) enthielt schon vieles von dem, was dann seine spätere Politik kennzeichnete.

Doch Hitler wollte kein festgelegtes Programm: Das hätte nur seine Macht beschnitten. Für ihn war wichtig, was er selbst zu sagen hatte. Sein gesprochenes Wort sollte zählen, Papier war doch viel zu leblos, um die Massen zu begeistern. Papier hat keine Stimme, dachte Hitler, und mit dieser Einschätzung traf er den Nagel auf den Kopf. Schreiben konnten viele, reden wie er dagegen nur wenige. Hitler wollte keine Programmdiskussionen führen, sondern die Massen bewegen, beeinflussen und für seine Ziele begeistern. Sein Rednertalent machte ihn zum Star der NSDAP.

Der erste Versuch

Nähern wir uns langsam wieder dem 9. November 1923, als sich Hitler selbst zum Reichskanzler ausrief und die Reichsregierung für abgesetzt erklärte. Wir haben gesehen, dass Hitler eine verschlafene Partei durch sein rednerisches Talent geweckt und dann zügig vergrößert hatte. Konnte das ausreichen, um fast im Alleingang die Republik herauszufordern? Woher nahm er 1923 die Hoffnung, Erfolg haben zu können?

Ganz sicher wäre Hitler ein begabter, aber letztlich erfolgloser Bierstubenredner geblieben, wenn er nicht einflussreiche Helfer gehabt hätte. In München unterstützten ihn demokratiefeindliche Militärs und Politiker. Auch innerhalb der Justiz und der Polizei fand er Anhänger, die seine Ziele gut fanden. Selbst die so genannte bessere Gesell-

schaft, wohlhabende Kaufleute und Verleger beispielsweise, öffnete ihm ihre Türen. Man half Hitler und seiner Partei mit Geld, man organisierte im Hintergrund, man drückte beide Augen zu, wenn die NSDAP Gesetze verletzte und ließ Beziehungen spielen, um den Nationalsozialisten Vorteile zu verschaffen.

Diese Führungsschichten, die seine Politik unterstützten, sahen in ihm bestimmt noch nicht »den Führer des deutschen Volkes«, der er dann später wurde. Einstweilen hielten sie ihn aber für ein brauchbares Werkzeug im Kampf gegen die Republik, einen begabten Werberedner und Trommler, der lautstark und wirkungsvoll ihre Interessen vertrat und ihre Feinde angriff.

Hitler hatte sich zwar auf den Weg nach Berlin gemacht, vor allem aber wurde er von vielen anderen auf diesen Weg erst gebracht. Sein Putschversuch gegen die Republik wurde von sehr vielen Menschen herbeigewünscht, von anderen aktiv unterstützt.

Am 8. November rief Hitler die »nationale Revolution« aus und zog einen Tag später mit einem Demonstrationszug ziemlich planlos durch München. Der Aufstand brach jedoch zusammen, als sich die Landespolizei dem Zug entgegenstellte und das Feuer eröffnete. Hitler floh, wurde aber zwei Tage später festgenommen.

Der Prozess gegen Hitler

Was passierte nun mit Hitler? Immerhin hatte er die Reichsregierung mit Gewalt stürzen wollen, er war ein erklärter Feind der Demokratie.

Sicher wäre noch mehr Blut geflossen, wenn er die Hauptstadt Berlin erreicht hätte. Er wurde streng bestraft, oder? Tatsächlich passierte etwas ganz anderes: Hitler nutzte den Prozess gegen ihn und die anderen Verschwörer als Bühne. Er spielte Theater und drängte sich ins Rampenlicht. Vorher kannte man ihn in Bayern, jetzt schaute die ganze Republik auf diesen Mann. Unter den Angeklagten übernahm er wie selbstverständlich die Rolle des Hauptdarstellers.

Hitler gefiel sich als Redner in ausdrucksvollen Posen. Propagandapostkarten von 1927.

Hitler bekannte sich offen dazu, dass er die Weimarer Republik zerstören wollte. Schuldig fühlte er sich dennoch nicht. »Ich fühle mich nicht als Hochverräter, sondern als Deutscher, der das Beste wollte für sein Volk«, rief Hitler mit großem Gefühl, und das Publikum war begeistert. Man hatte zeitweilig den Eindruck, dass nicht Hitler auf der Anklagebank sitzen würde, sondern die demokratische Reichsregierung. Der Richter bewunderte diesen Auftritt, von ihm hatte Hitler keine harte Strafe zu erwarten. Schließlich verurteilte man den Angeklagten am 1. April 1924 zu fünf Jahren Festungshaft, mit der Aussicht auf eine frühzeitige Begnadigung. Kaum neun Monate später, am 20. Dezember 1924, ließ man den erklärten Feind der Republik wieder frei.

Hitler war kein normaler Gefangener. Er konnte tun und lassen, was er wollte. Er hatte ein schönes Zimmer, bekam sehr viel Besuch und erhielt jede Menge »Fanpost« von Leuten, die dachten, er habe nur das Beste für Deutschland gewollt. Hitler las viel und fing an, seine Erinnerungen zu schreiben, die später unter dem Titel »Mein Kampf« berühmt werden sollten. Der langweilige Wälzer, der zur Bibel der NSDAP wurde, schildert Hitlers frühe Jahre, wie er sich seine

Hitler (links) und einige seiner Anhänger nach ihrer Verurteilung auf der Festung Landsberg. Der Prozess gab Hitler Gelegenheit, sich in der Öffentlichkeit bekannt zu machen. In der Haft schrieb Hitler dann sein Buch *Mein Kampf.*

politischen Ideen aneignete und die Partei erfolgreich ausbaute. Berüchtigt ist »Mein Kampf« vor allem, weil es bereits Hitlers ganzes zerstörerisches Programm enthielt. Wer wissen wollte, was der Mann treiben würde, wenn er an die Macht käme, konnte es hier schon nachlesen.

Die Geschichte der Weimarer Republik wäre ganz sicher anders verlaufen, wenn Hitler seine Haftstrafe vollständig hätte absitzen müssen. So jedoch zog er – so komisch das klingt – viele Vorteile aus seiner Zeit im Gefängnis. Millionen von Menschen, die ihn vor dem Prozess nicht gekannt hatten, kannten ihn jetzt, weil seine Reden vor Gericht großes Aufsehen in der Öffentlichkeit erregt hatten. Und noch besser für ihn: Niemand hatte seinen Platz während seiner Abwesenheit einnehmen können. Die vielen Nazigruppen waren zerstritten. Nur er – so glaubten die Rechten – besaß die Fähigkeit, sie zu vereinen.

Wie bereitwillig ihm viele Menschen folgten, hatte Hitler erst durch die Haft begriffen. Jetzt glaubte er fest daran, dass er selbst der Mann sei, der Deutschland zu neuer »Größe und Stärke« führen würde. Etwas anderes, sehr wichtiges hatte er auch gelernt: Der Griff zur Macht durfte das nächste Mal nicht mit Gewalt versucht werden. Vielmehr kam es darauf an, sich an die Gesetze zu halten. Noch einmal wollte er sich nicht einsperren lassen. Alles musste von nun an auf gesetzlichem Wege erreicht werden. Und weil er das alles gelernt hatte, nannte er das Gefängnis später seine »Hochschule auf Staatskosten«.

In Wartestellung

Als Hitler an einem bitterkalten Dezembertag 1924 durch das Gefängnistor in die Freiheit schritt, hatte sich die Weimarer Republik gefestigt. Kugeln peitschten nicht mehr durch die Straßen, die Inflation war bewältigt worden, und die Arbeitslosenzahlen gingen spürbar zurück. Auch in den Verhandlungen mit den Alliierten über den Versailler Vertrag gab es Fortschritte. Weil sich die Situation entspannte, verloren die radikalen Parteien bei den Wahlen sehr viele Anhänger. Fast schien es so, als würde die Republik zu einem normalen Staat werden können.

Mit Blick auf die politische Stabilität und die kulturellen Leistungen nennt man diesen Abschnitt der Weimarer Republik auch die »Goldenen Zwanziger«. Deutsche Architekten, Maler und Schriftsteller waren in der ganzen Welt berühmt, deutsche Wissenschaftler genossen überall hohes Ansehen. Zwischen 1919 und 1927 wurde jeder dritte wissenschaftliche Nobelpreis an deutsche Forscher verliehen. Auch die Kultur für die Massen boomte. Berlin wurde zur hektisch-nervösen, ruhelosen Metropole, die viele Menschen anzog. Man ging in prachtvolle Kinopaläste, ins Theater, man amüsierte sich im Kabarett oder in Revuen, man sah Boxkämpfe, Fußballspiele oder Autorennen. Rundfunkgeräte, Telefone und Automobile wurden von immer mehr Menschen gekauft. Die amerikanische Kultur wurde zum strahlenden Vorbild: Der Einkauf in großen Warenhäusern wurde beliebt, junge Menschen tanzten Charleston und Jitterburg und hörten Jazzmusik. Viele Menschen waren optimistisch. Wozu brauchte man da noch Nazis?

Für Hitler und die NSDAP waren die Jahre von 1924 bis 1929 schwierig. Bei den Reichstagswahlen erhielt sie nur sehr wenige Stimmen, und die breite Öffentlichkeit schien Hitler langsam aber sicher zu vergessen. Dennoch waren diese Jahre für den Aufstieg von Hitler sehr wichtig. In diesem Zeitraum wurde er der unumschränkte Führer fast aller rechten Parteien in Deutschland, und die NSDAP folgte ihm bedingungslos. Ende 1928 hatte die Partei etwa 100 000 Mitglieder und damit doppelt so viele wie 1923, als man den Putsch gewagt hatte. Für seine spätere Stellung als Diktator war vor allem der Kult wichtig, den man jetzt in der Partei um seine Person betrieb. Wenn er vorher von vielen Anhängern wie ein Star verehrt wurde, dann taten jetzt viele so, als ob er ein Gott sei oder doch zumindest von Gott geschickt.

Wer hat die Weimarer Republik zerstört?

Die Weimarer Republik ist nicht allein an Adolf Hitler gescheitert, und der Erfolg des Nationalsozialismus ist nicht der einzige Grund für die Zerstörung der ersten deutschen Demokratie. Erst wenn wir viele Ursachen zusammendenken, erhalten wir eine befriedigende Antwort auf die Frage, warum Adolf Hitler an die Macht gekommen ist.

Zählen wir hier einmal ganz kurz eine Reihe von möglichen Gründen auf: Die Revolution von 1918/19 hatte nicht verhindern können, dass antidemokratische Gruppen wie das Militär, die Justiz, die Beamten, die Industrie und die Großgrundbesitzer großen Einfluss und enorme Macht behalten hatten. Auch die Bevölkerung unterstützte die Republik nur unzureichend, die Sehnsucht nach einem starken Mann, der mit allen Schwierigkeiten aufräumen sollte, war weit verbreitet. Dazu kam, dass die sehr freiheitliche Verfassung der Weimarer Republik ihren Feinden zuviel Spielraum gab, und ausgerechnet ein undemokratischer und kaisertreuer Mann wie der Weltkriegsgeneral Hindenburg als Reichspräsident die Demokratie schützen sollte. Als 1929 die Wirtschaft in eine neue tiefe Krise stürzte, kamen all diese Faktoren zusammen und steigerten sich wechselseitig. Erst das Zusammenspiel all dieser Ursachen ließ Hitler auf dem Weg nach oben stark und mächtig werden.

Wahlplakat der NSDAP zu den Reichstagswahlen 1932.

Hitlers Talent bestand darin, diese Gefahren für die Republik als seine große Chance zu erkennen. Geschickt nutzte er die Krisen und Fehler der Weimarer Republik aus, um sich selbst der Nation als Retter zu präsentieren. Er verstand es besser als andere, die Menschen glauben zu machen, nur er allein und seine Politik könnten Not und Elend beenden. Was er dabei alles sagte und versprach, war unrealistisch und unvernünftig, aber es beeindruckte, berührte und tröstete viele Menschen. Hitler war ein Demagoge, jemand der es ausgezeichnet verstand, ein Volk zu verführen. Ein Volksverführer wie Hitler konnte aber nur deshalb erfolgreich sein, weil die Menschen für seine Verführungskünste offen waren. Schauen wir uns also zunächst an, warum die Deutschen glaubten, dass Hitler der erwünschte Retter sei.

Die Krise der Wirtschaft

Am 25. Oktober 1929 kam es in New York, der Welthauptstadt der internationalen Finanzen, zu einem völligen Zusammenbruch der Börsenkurse. Eine Krise der gesamten Weltwirtschaft war die Folge. In vielen Ländern, auch in Deutschland, das gleiche Bild: Die Anleger an den Börsen verloren ihr Geld, Banken brachen zusammen, kleine und große Unternehmen machten Bankrott und mussten ihre Angestellten und Arbeiter entlassen. Dadurch stieg die Arbeitslosigkeit, was wiederum den Staat finanziell stark belastete.

Die relativ ruhigen und stabilen Jahre der Weimarer Republik von 1924 bis 1929 waren vorbei. Plötzlich stieg die Zahl der Arbeitslosen im beängstigendem Tempo: Im Jahresdurchschnitt 1930 waren 15,7 Prozent aller Arbeitnehmer ohne Arbeit. Die Zahl stieg 1931 auf 23,9 und 1932 auf 30,8 Prozent an. Im Februar 1932 waren dann über sechs Millionen Menschen in Deutschland arbeitslos. Viele Familien litten Hunger, da es kaum Arbeitslosengeld gab. Die Menschen hatte wenig Hoffnung auf neue Arbeit und fürchtete sich vor dem nächsten Tag, der keine Besserung versprach.

Ein Journalist beschreibt, wie Menschen 1931 ohne Arbeit, Geld

Viele Menschen litten in den Notzeiten Anfang der dreißiger Jahre Hunger. Verschiedene Organisationen richteten Suppenküchen ein.

und Nahrung als Bettler durch die Straßen ziehen: »*Wer jetzt durch die Wohnstraßen des Berliner Westens schlendert, durch diese sauberen, ruhigen, gepflegten Straßen, erlebt auf Schritt und Tritt, dass ein, meist alter, Mensch auf ihn zukommt, Mann oder Frau, vielmehr Herr oder Dame – denn sie sind nicht anders gekleidet als wir selbst –, und um Geld bittet. Manche kommen lächelnd auf einen zu, so als wollten sie einen Bekannten begrüßen; andere betteln stumpf und ausdruckslos; noch keiner hat, vorläufig, den weinerlichen Jammerton des berufsmäßigen Bettlers ... Am schlimmsten sind die, die gar nichts reden. Solange es hell ist, sitzen sie verloren auf den Bänken der breiten Straße; später streichen sie die Zäune des Restaurants entlang, bleiben stehen, stieren den Essenden an, ohne zu betteln, ohne sich zu regen.*« (Vossische Zeitung, 16. September 1931)

Die Krise der Politik

»Sind doch alles Quasselköppe, die Politiker! Reden, Reden, Reden und was kommt für uns dabei raus?« Solche Sätze hörte man jetzt oft auf den Straßen, in den Schlangen vor den Arbeitsämtern und Armenküchen oder in den Parks, wo sich die Arbeitslosen die Zeit vertrieben. Die Wirtschaftskrise verstärkte die politische Krise der Republik und raubte vielen Menschen das letzte Vertrauen zur Demokratie. Der Streit der Parteien verbitterte die Menschen und bestärkte die Gegner der Republik in ihren Zielen. »Wer gibt uns Arbeit? Es kann doch nur noch besser werden! Lasst doch den Hitler mal ran! Der räumt schon auf!«, sagten die Leute auf der Straße.

In dieser Situation zerbrach am 27. März 1930 zu allem Überfluss auch noch das demokratische Regierungsbündnis, weil sich die Parteien nicht über die Erhöhung der Beiträge zur Arbeitslosenversicherung einigen konnten. Diese große Koalition sollte die letzte Regierung der Weimarer Republik sein, die vom Volk gewählt worden war.

Alle folgenden Reichskanzler von 1930 bis 1933 wurden direkt vom Reichspräsidenten Hindenburg ernannt oder entlassen. Sie regierten mit Hilfe des Artikels 48 der Weimarer Verfassung, der es dem Reichspräsidenten erlaubte, Notverordnungen zu erlassen, die die Kraft von Gesetzen hatten. Diese verfassungsrechtliche Notbremse war eigentlich nur für den Staatsnotstand vorgesehen. Ihre jahrelange Anwendung schwächte das Parlament und ebnete der Diktatur den Weg. Der Schlüssel zur Macht lag seit 1930 in den Händen eines uralten Mannes und seiner Berater, die die Weimarer Republik lieber heute als morgen abgeschafft hätten.

Der Erfolg der NSDAP wächst

Durch die Weltwirtschaftskrise wurde die NSDAP zu einer starken Partei. Jetzt schlug ihre Stunde: Diese Partei und ihr Führer Adolf Hitler versprachen auf alle schwierigen Fragen eine einfache Antwort. Mit dem Chaos und Elend der Republik würde man schon aufräumen, schrie Hitler in viele Mikrophone. Er versprach allen alles, »Brot und Geld« für alle, er drohte den Feinden der Nation, und er malte die Zukunft in rosigen Farben. Nur die Macht müsse man ihm vorher geben, sonst bliebe alles beim Alten, und das Alte sei schlecht. Viele Menschen glaubten diesen Versprechen und sahen in Hitler den einzigen Retter.

Bei den Wahlen zum 5. Reichstag am 20. Mai 1928 war die NSDAP noch eine sehr kleine, unbedeutende Partei, die lediglich 2,6 Prozent der Stimmen erhalten hatte. Doch bei den Wahlen vom 14. September 1930 änderte sich das gewaltig: Die Nationalsozialisten gewannen 18,3 Prozent der Stimmen. Die Zahl ihrer Wähler stieg von 810 000 auf 6,4 Millionen. Das war ein fast unglaublicher Wahlerfolg.

Die Demokraten waren darüber entsetzt, zumal auch andere Gegner der Republik Stimmen dazugewonnen hatten: Die Kommunisten hatten 13,1 Prozent der Wählerstimmen erobert. Die demokratischen Parteien konnten sich dennoch nicht auf ein wirkungsvolles Bündnis gegen die Feinde der Weimarer Republik einigen. Während sich also die demokratischen Kräfte durch Entscheidungsunfähigkeit und mangelnde Kompromissbereitschaft lähmten, zögerten die Gegenspieler der Republik nicht, Entscheidungen zu treffen.

Terror auf den Straßen

Der Durchbruch der NSDAP hatte auch zur Folge, dass die Parteiarmee der Nationalsozialisten, die Sturmabteilung (SA), weiteren Zulauf fand und ihre Aktionen verstärkte. Die SA war 1920 als Kampf- und Schutztruppe der Partei gegründet worden und bestand mehrheitlich aus ehemaligen Soldaten. Sie schützte die eigenen Veranstaltungen, störte oder sprengte die Treffen der politischen Gegner, verteilte Flugblätter, klebte Plakate oder marschierte durch die Straßen. Die Uniform der SA-Männer war braun. Schwarze Schaftstiefel und eine ebenfalls braune Mütze ließen sie wie Soldaten aussehen. Am Arm trugen sie eine Hakenkreuzbinde.

Wahlplakat der SPD.

Auch andere Parteien hatten solche Schutztruppen oder Ordnerdienste, die SA aber unterschied sich von ihnen durch besondere Brutalität und Gewaltbereitschaft. 1931 gelang es, die Zahl der SA-Angehörigen zu verdreifachen: Waren es im Januar noch 88 000 Mitglieder, so waren es im Dezember bereits 260 000. Viele arbeitslose junge Männer fanden hier einen Halt und eine politische Orientierung. Die Gewalttätigkeit der SA nahm jetzt zu. Ihr Terror richtete sich vor allem gegen die Kommunisten. Aber auch jüdische Bürger wurden von der SA schon vor 1933 verfolgt und verprügelt. »Deutschland erwache! Juda den Tod«, sangen die SA-Leute.

Das Ziel der SA war die »Eroberung der Straße«. Tatsächlich bestimmte die SA das öffentliche Leben der Republik in zunehmendem Maße. Nachdem ein kurzzeitig bestehendes Verbot der SA wieder aufgehoben war, explodierte der Terror. Im Sommer 1932 wurden in Preußen bei Straßenschlachten 99 Menschen getötet. Die Gewalt der Straße setzte sich sogar im Reichstag fort. Am 7. Dezember 1932 kam es zwischen kommunistischen und nationalsozialistischen Abgeordneten zu einer blutigen Massenschlägerei. Viele Menschen wählten Hitler auch deshalb, weil sie glaubten, dass nur er die Gewalt und Willkür der SA beenden könne.

Das Ende der Weimarer Republik

Seitdem im März 1930 die Große Koalition der demokratischen Parteien zerbrochen war, steuerte die Weimarer Republik ihrem Ende entgegen. Während die demokratischen Parteien immer schwächer wurden und dem Sterben der Republik ratlos zusahen, gewannen die

Im Herbst 1932 traten die Mieter des Hauses Köpenicker Straße 34/35 in Berlin in Streik.
Sie protestierten gegen die hohen Mieten und den schlechten Zustand des Hauses.

Wahlplakat der SPD.

Kommunisten und die Nationalsozialisten immer mehr Stimmen. Bei den Reichstagswahlen am 31. Juli 1932 erhielt Hitlers NSDAP 37,3 Prozent der Stimmen und wurde damit zur stärksten Partei im Reichstag. Die Kommunisten bekamen 14,2 Prozent der Stimmen und waren somit die drittstärkste Partei. Der Wunsch, die Weimarer Republik abzuschaffen, wuchs in fast allen gesellschaftlichen Bereichen unaufhaltsam.

Alles hing jetzt von dem greisen Reichspräsidenten Paul von Hindenburg ab. Er besaß eine fast diktatorische Machtfülle, die die Republik eigentlich hätte schützen sollen. Doch Hindenburg, der seinem Amt kaum noch gewachsen war, verließ sich auf Berater, die nur an ihre eigene Macht und nicht an die Verteidigung der Republik dachten. Allen voran sein Sohn Oskar und Franz von Papen, ein enger Vertrauter, glaubten, sie könnten Hitler zur Durchsetzung ihrer eigenen Ziele benutzen. Sie waren es, die den Reichspräsidenten dazu überredeten, Hitler zum Reichskanzler zu berufen. Da die Monarchisten in der kommenden Regierung in der Mehrheit waren, glaubten sie, Hitler zur Zusammenarbeit und zur Mäßigung bewegen zu können. Am 30. Januar 1933 ernannte Hindenburg Hitler zum Reichskanzler.

Der Alptraum beginnt

»Hitler ist Reichskanzler. Wie im Märchen!«, schrieb der zukünftige Propagandaminister des Dritten Reichs Joseph Goebbels am 31. Januar 1933 in sein Tagebuch. Am Abend zuvor hatte er in Berlin einen Triumphzug organisiert. Zehntausende SA-Leute in braunen Uniformen trugen lodernde Fackeln, stampfende Militärmusik wurde gespielt. So zogen die Marschkolonnen von sieben Uhr abends bis weit nach Mitternacht an der Reichskanzlei in der Wilhelmstraße vorbei. Hier stand, hoch oben an einem Fenster, Adolf Hitler mit Parteiführern wie Göring, Heß und Goebbels und blickte auf das Spektakel hinunter.

Am Abend des 30. Januar 1933, nachdem Hindenburg Hitler zum Reichskanzler ernannt hat, marschieren endlose Kolonnen von SA, SS und »Stahlhelm« durch das Brandenburger Tor.

Für die Nationalsozialisten war an diesem kalten Januartag ihr Traum von der Macht Wirklichkeit geworden, für die meisten Deutschen hatte bloß ein normaler Regierungswechsel stattgefunden. Selbst die Wähler der NSDAP glaubten nicht, dass Hitler alles, was er gesagt hatte, wirklich wahrmachen würde.

Er hatte gedroht, es würden »Köpfe rollen«, die Kommunisten würde man »auslöschen« und die Juden »beseitigen«. An die Stelle der parlamentarischen Demokratie würde der Wille des Führers treten. Und hätte man so mit den inneren Feinden erst einmal abgerechnet, dann würde man Deutschland die verlorene Stärke in der Welt zurückgeben. Den Versailler Vertrag würde man aufkündigen und ein machtvolles Heer aufstellen. So sollten dann die verlorenen Gebiete wiedergewonnen werden. Außerdem wolle man dann den neuen »Lebensraum«, den man angeblich für ein großes Volk benötige, »mit dem Schwert« erobern.

All das klang nach Unfreiheit, Terror und Krieg, aber viele nahmen Hitler nicht ernst und hielten ihn nur für einen besonders großmäuligen Politiker. Und die ganze Macht hatte er doch ohnehin nicht! Seine Regierung bestand mehrheitlich aus Politikern, die nicht der NSDAP angehörten. Was würde der unerfahrene Staatsmann also ausrichten? Hitler war zwar ein erfolgreicher Redner, aber würde er auch eine komplizierte Staatsmaschine begreifen und vor allem lenken können? Sehr viele Menschen bezweifelten das. Auch die politischen Machtspieler wie Franz von Papen, die Hitler erst ins Reichskanzleramt gehievt hatten, setzten auf seine Unerfahrenheit. Papen, der Vizekanzler, war überzeugt: »In zwei Monaten haben wir Hitler in die Ecke gedrückt, dass er quietscht.« Und sein deutschnationaler Verbündeter Alfred Hugenberg, der als Wirtschaftsminister in die Hitler-Regierung eintrat, meinte zuversichtlich: »Wir haben ihn uns eingerahmt.« Diese konservativen Politiker wollten Hitler zähmen, doch schon einige Monate später hatten die hoffnungsvollen Tierbändiger nichts mehr zu bestellen.

Machtübergabe und Machtergreifung

Am 31. Januar 1933 war der Reichskanzler Hitler noch nicht der allmächtige Diktator, der er gerne sein wollte, aber er beeilte sich, es zu werden. Noch gab es Gegenspieler, die ihm hätten gefährlich werden können. Da waren die konservativen Kabinettsmitglieder wie Alfred Hugenberg und Papen, die Hitler für ihre Ziele einspannen wollten. Wie würden sich die SPD, die Kommunisten und die Gewerkschaften verhalten? Vielleicht würden sie sich verbünden, einen Generalstreik ausrufen oder einen Aufstand wagen? Konnte Hitler auf die mächtige Reichswehr zählen? Und würde sich die einflussreiche deutsche Industrie auf seine Seite schlagen? Außerdem war der Reichskanzler immer noch von dem Vertrauen des Reichspräsidenten Hindenburg abhängig, der ihm die Möglichkeit gab, mit Notverordnungen nach Artikel 48 zu regieren. Dieses Instrument half Hitler, seine Gegner Schritt für Schritt auszuschalten.

Zuerst ließ Hitler mit Hindenburgs Hilfe den Reichstag auflösen und für den 5. März Neuwahlen ansetzen. Bis dahin wollte er seine politischen Widersacher brutal bekämpfen und mit allen Mitteln um die Gunst der Wähler werben. Bei dieser Aufgabe halfen Hitler zwei Spezialisten, die sich schon in der »Kampfzeit« der NSDAP bewährt hatten: Hermann Göring und Joseph Goebbels. Göring war ein Vielfraß, der gerne Fantasieuniformen trug und ohne Hemmungen Mordaufträge verteilte. Als neuer preußischer Innenminister wies er die Polizeibehörden an, »gegenüber den nationalen Verbänden« (SA, SS, Stahlhelm) »das beste Einvernehmen herzustellen«. Das bedeutete, dass die Parteitruppen SA und SS auf den Straßen ungestraft prügeln, verfolgen und morden konnten. Politische Gegner wurden willkürlich verhaftet und in eilig gegründete Lager eingesperrt.

Durch Versprechungen hatte Hitler inzwischen die Reichswehr beruhigt und das Misstrauen der Industrie abgebaut. Die Industriellen spendeten sogar drei Millionen Reichsmark für die Parteikasse der NSDAP. Mit diesen Geldern konnte Goebbels, Hitlers ergebener Stimmungsmacher und Spezialist für Propagandaschlachten, einen ungeheuren Wahlkampf entfesseln. Goebbels, ein talentierter Redner, ließ es sich nicht nehmen, als Reporter im Rundfunk aufzutreten und jede Wahlkampfrede des Führers jubelnd einzuleiten. Sogar der amerikanische Botschafter war vom Stil des nationalsozialistischen Wahlkampfs beeindruckt: *»Die zahlreichen braunen Uniformen, die riesigen Naziplakate, mit denen die Städte und das Land übersät waren, die häufigen Aufmärsche der braunen Heerscharen und die täglichen Wahlreden der Naziführer im Rundfunk zielen darauf ab, den Eindruck gerade jetzt zu erwecken, dass es in Deutschland nur eine große Partei gibt.«*

Ein freier und gerechter Wahlkampf war es von Anfang an nicht gewesen. Die NSDAP arbeitete mit gezieltem Terror und mit allen erlaubten und unerlaubten Mitteln, die ihnen die Regierungsgewalt in die Hand gab. Als in der Nacht vom 27. Februar ein Brand im Reichstag ausbrach, war sich Göring sicher: »Das ist der Beginn des kommunistischen Aufstandes, sie werden jetzt losschlagen!« Hitler schrie: »Jeder kommunistische Funktionär wird erschossen, wo er angetroffen wird. Die kommunistischen Abgeordneten müssen noch in dieser Nacht aufgehängt werden!« Lange Zeit hat man geglaubt, dass die Nazis den Brand selber gelegt hätten, weil er ihnen so gut ins Konzept passte. Heute scheint jedoch festzustehen, dass der holländische Arbeiter Marinus van der Lubbe ein Einzeltäter war, der gegen die Nazis protestieren wollte.

Hitler, Göring und Goebbels zögerten jetzt keine Sekunde, noch in der gleichen Nacht schlugen sie zu und ließen Abgeordnete und Funktionäre der KPD verhaften. Die meisten wurden von SA- und SS-Trupps aus dem Schlaf geprügelt und hatten vom Reichstagsbrand noch gar nichts gehört. Die Nacht war kaum vorbei, da waren schon 4 000 Kommunisten verhaftet worden. Mit ihnen wurden auch Schriftsteller und Journalisten wie Carl von Ossietzky, Erich Mühsam,

Ludwig Renn oder Egon Erwin Kisch ins Gefängnis gesteckt. Der Grund? Sie hatten es gewagt, die Nazis zu kritisieren. Schon am nächsten Tag unterzeichnete Hindenburg die »Verordnung zum Schutz von Volk und Staat«. Mit einem Federstrich waren alle Grundrechte der Weimarer Republik außer Kraft gesetzt. Jetzt konnte jeder verhaftet und eingesperrt werden, ohne Beweise und ohne Grund. Die Meinungs-, Presse- und Versammlungsfreiheit war aufgehoben, Briefe durften geöffnet und Ferngespräche abgehört werden. Mit dieser »Reichstagsbrandverordnung« hatte die Hitler-Regierung einen unbegrenzten Ausnahmezustand verhängt. Tatsächlich blieb diese Verordnung bis zum Ende des Dritten Reichs bestehen. Jetzt konnten die Nationalsozialisten ihren Terror ganz »legal« ausüben, und sie machten davon ausgiebigen Gebrauch. Bis Mitte März waren allein in Preußen über 10 000 politische Gegner festgenommen worden.

Titelblatt der Arbeiter-Illustrierte-Zeitung (AIZ) von John Heartfield, 16. Oktober 1932. Die AIZ stand der Kommunistischen Partei nahe. Die Kommunisten dachten, dass Hitler von der deutschen Industrie abhängig sei und bald wieder verschwinden würde. Beides war ein Irrtum.

Das Ermächtigungsgesetz

Von freien Wahlen konnte man demnach kaum noch sprechen. Trotz des einschüchternden Terrors und des gigantischen Wahlkampfes war es den Nationalsozialisten nicht gelungen, die Mehrheit der Bevölkerung für sich zu gewinnen. 17,2 Millionen Deutsche gaben der NSDAP am 5. März ihre

Die Nationalsozialisten verfolgten den Journalisten Carl von Ossietzky, weil er Pazifist und Jude war. Nach dem Reichstagsbrand wurde er verhaftet und in verschiedenen KZ festgehalten und gefoltert. Im November 1936 erhielt Ossietzky den Friedensnobelpreis, aber er durfte nicht nach Stockholm reisen, um ihn anzunehmen. Er starb am 4. Mai 1938 an den Folgen der Misshandlungen.

Stimme, was 43,9 Prozent aller Wähler entspricht. Obwohl viele Kandidaten der SPD und der Kommunisten schon während des Wahlkampfes verhaftet wurden, konnten sich beide Linksparteien behaupten. Für die SPD stimmten 18,2 Prozent und für die Kommunisten 12,2 Prozent der Wähler.

Unterdessen ließ Hitler zielstrebig ein »Ermächtigungsgesetz« vorbereiten, das ihn endgültig vom Vertrauen des Reichspräsidenten unabhängig machen sollte. Durch dieses Gesetz sollte die Regierung ermächtigt werden, Gesetze zu erlassen, die keiner Zustimmung durch den Reichstag und den Reichsrat bedurften, selbst wenn sie gegen die Verfassung gerichtet waren. Es sollte für einen Zeitraum von vier Jahren gelten. Für dieses Vorhaben war jedoch eine Zweidrittelmehrheit im Reichstag erforderlich, die Hitler durch Drohungen, Versprechungen und Tricks auch erreichte. Die 81 KPD-Mandate wurden kurzerhand gestrichen; ihre Inhaber saßen ohnehin fast ausnahmslos im Gefängnis oder waren geflohen. Die bürgerlichen Parteien wie das Zentrum setzte man unter Druck und machte ihnen einige Zugeständnisse.

Als am 23. März in der Berliner Krolloper über das »Ermächtigungsgesetz« abgestimmt werden sollte, hatten SA- und SS-Trupps alle Eingänge besetzt. Alle Abgeordneten mussten die Furcht einflößenden und offen drohenden Parteisoldaten der NSDAP passieren. Wer würde sich diesem Druck widersetzen können? Nur die SPD stemmte sich gegen das Machtverlangen der Nationalsozialisten. Ihr Vorsitzender Otto Wels hielt eine mutige Rede: *»Freiheit und Leben kann man uns nehmen, die Ehre nicht. Nach den Verfolgungen, die die Sozialdemokratische Partei in der letzten Zeit erfahren hat, wird niemand von ihr verlangen können, dass sie für das hier eingebrachte Ermächtigungsgesetz stimmt. Noch niemals, seit es einen deutschen Reichstag gibt, ist die Kontrolle der öffentlichen Angelegenheiten durch die gewählten Vertreter des Volkes in einem solchen Maße ausgeschaltet worden, wie es jetzt geschieht, und wie es durch das neue Ermächtigungsgesetz noch mehr geschehen soll.«*

Die Rede des SPD-Vorsitzenden Wels war ein letztes öffentliches Bekenntnis zur Demokratie in Deutschland. Dann stimmten 444 Abgeordnete mit Ja für das Gesetz, nur die SPD stimmte geschlossen mit Nein. Der »Völkische Beobachter«, die Parteizeitung der NSDAP, kommentierte das Ereignis mit triumphierendem Ton und sprach offen aus, was die Deutschen zu erwarten hatten: *»Ein historischer Tag. Das parlamentarische System kapituliert vor dem neuen Deutschland. Während vier Jahren wird Hitler alles tun können, was er für nötig befindet: negativ die Ausrottung aller verderblichen Kräfte des Marxismus, positiv die Errichtung einer neuen Volksgemeinschaft. Der Tag des Dritten Reichs ist gekommen.«*

Gleichschaltung

In den nächsten Monaten beeilten sich die Nazis, die ganze Macht im Staat zu erobern, zu erhalten und mögliche Gegner auszuschalten.

Man nennt diesen Prozess der Machteroberung auch »Gleichschaltung«. Alle gesellschaftlichen Bereiche wurden von den Nazis mit hoher Geschwindigkeit und Brutalität »gleichgeschaltet«. Aus Angst vor den neuen Herren zeigten viele Organisationen und Institutionen einen vorauseilenden Gehorsam; das bedeutet, dass sie dem Führer ihre Treue versicherten, bevor der sie überhaupt danach gefragt hatte. Solches Verhalten lag häufig in der Sorge um die eigene Macht, die eigene Stellung oder das eigene Leben begründet. Vielleicht konnte man etwas retten, wenn man keinen Widerstand leistete.

Sehr viele Deutsche mussten aber erst gar nicht mit Gewalt »überredet« werden. Viele arbeiteten aus Überzeugung und Begeisterung mit den neuen Herren zusammen, und viele beeilten sich, in die NSDAP einzutreten. Wenn man nicht gerade Jude, Kommunist oder ein erklärter Gegner des Nationalsozialismus war, hatte man erst einmal nichts zu befürchten. Und schließlich mussten die, die man jetzt in Gefängnisse sperrte, doch auch etwas verbrochen haben, redeten sich viele ein, um sich zu beruhigen.

Bereits am 22. März 1933 war in Dachau das erste Konzentrationslager eröffnet worden. Dieses Lager sollte 5000 Gefangene aufneh-

In den Monaten nach der Machtübergabe an die Nazis wurde eine große Zahl von Kommunisten verhaftet, gefoltert und ermordet.

men können, und Heinrich Himmler, der Reichsführer der SS, gab sogar eine Pressekonferenz, damit alle Deutschen von der Existenz dieser abschreckenden Einrichtung erfahren sollten. Der Satz »Sei still, sonst kommst du nach Dachau!« wurde bald eine häufige Redensart. Bis Ende April wurden 30 000 Menschen in »Schutzhaft« genommen, einige nur für Tage, andere für Jahre. Bis Ende Oktober wurden von den Nationalsozialisten 500 bis 600 Menschen ermordet und 100 000 inhaftiert. So wurde die »Gleichschaltung« von einem Klima der Angst und des Misstrauens begleitet und begünstigt.

Durch eine Reihe von entsprechenden Gesetzen wurde der Prozess der Gleichschaltung vorangetrieben. Am 31. März wurde das »Gesetz zur Gleichschaltung der Länder mit dem Reich« erlassen. Danach wurden die Länderparlamente nach dem Verhältnis der letzten Reichstagswahl umgebildet. Die Ministerpräsidenten ersetzte man eine Woche später durch Reichsstatthalter der NSDAP, womit die Länder ihre frühere Selbständigkeit verloren. Nur der Wille des Führers sollte das Land regieren, jede abweichende politische Meinung sollte unterdrückt werden.

Natürlich brauchte ein derart gleichgeschaltetes Land auch keine anderen Parteien als eben die Partei des Führers. Die KPD war schon seit dem Reichstagsbrand ausgeschaltet worden, jetzt kamen auch die anderen Parteien an die Reihe. Die größte Oppositionspartei, die SPD, wurde am 22. Juni 1933 verboten. Ihre Funktionäre waren ins Ausland geflohen, hatten sich versteckt oder waren in »Schutzhaft« genommen worden. Nach dem Verbot der SPD lösten sich auch die anderen Parteien nach und nach auf. Und damit keine neuen Parteien in Deutschland entstehen konnten, verabschiedete man am 14. Juli das »Gesetz gegen die Neubildung von Parteien«. Die NSDAP war somit die einzige rechtmäßige Partei in Deutschland.

Mit welchen Mitteln die Nationalsozialisten die Gleichschaltung durchsetzten, kann man am Beispiel der Gewerkschaften sehr gut beobachten. Ausgerechnet der traditionelle Tag der internationalen Arbeiterbewegung, der 1. Mai, wurde von den Nationalsozialisten zum Feiertag erklärt. Damit schien sich ein alter Wunsch der Gewerkschaften zu erfüllen. An diesem Tag sprach Hitler vor einer halben Million

Arbeiter auf dem Tempelhofer Feld in Berlin. Seine Rede gefiel vielen: »Die Millionen Menschen, die in Berufe aufgeteilt, in künstlichen Klassen auseinander gehalten worden sind, die vom Standesdünkel und Klassenwahnsinn befallen, einander nicht mehr verstehen können, sie müssen wieder den Weg zueinander finden.« Manch ein Arbeiter ging beruhigt und erwartungsvoll nach Hause. »Ehret die Arbeit und achtet den Arbeiter.« Hörte sich das nicht gut an? Doch schon am nächsten Tag wurden alle Häuser und Betriebe der Freien Gewerkschaften von SA-Truppen besetzt, das gesamte Vermögen beschlagnahmt und die führenden Gewerkschafter in »Schutzhaft« genommen. Die Mitglieder wurden dann später zwangsweise in die Deutsche Arbeitsfront (DAF) eingegliedert. Mit schönen Versprechungen und roher Gewalt hatte man so eine weitere einstmals mächtige Organisation aus- und gleichgeschaltet.

Nachdem die Nationalsozialisten die Regierung, die Parlamente, die Parteien und wichtigen Organisationen gleichgeschaltet hatten, wollten sie auch das, was die Menschen dachten, fühlten und sagten, beherrschen. Nur so konnte Hitler langfristig seine Macht im Staat sichern und festigen. Allen Staatsbediensteten wurde deshalb befohlen, nur noch mit »Heil Hitler« zu grüßen. Auf den spektakulären Parteitagen in Nürnberg wurde der Führer von der NSDAP wie ein Star gefeiert und wie ein Gott gepriesen.

Mit diesen Massenveranstaltungen sollten die Menschen überwältigt und begeistert werden. Der Regisseur hieß Joseph Goebbels, der Propagandaminister des Dritten Reichs. Was bedeutet eigentlich Propaganda? Man nennt den gezielten Kampf um die Meinungen und Ansichten der Menschen Propaganda. Ein Propagandist ist also jemand, der um unsere Zustimmung kämpft. Dabei geht es letztendlich immer darum, ein Produkt zu verkaufen und das mit allen möglichen Mittel der Reklame: Plakate, Handzettel, Werbespots in Radio oder Kino, Werbeshows. Für den Propagandisten ist es deshalb wichtig, dass er unsere Wünsche anspricht oder weckt. Wir sollen nicht nachdenken, ob wir etwas brauchen, wir sollen uns vielmehr ganz fest einbilden, dass wir es brauchen. Propagandisten sind Verführer, die unsere Gefühle gefangen nehmen und unseren Verstand ausschalten

Am 10. Mai 1933 ließen die Nazis die Bücher »undeutscher« Schriftsteller verbrennen. »Undeutsch« konnte eigentlich jedes Buch sein, das nicht in die nationalsozialistische Ideologie passte.

wollen. Genauso arbeitete Goebbels. Er wollte, dass die Deutschen sich einbildeten, den Führer zu brauchen. Sie sollten nur ihn wollen, nur ihm vertrauen und gehorchen, keinem anderen. Deshalb musste der Propagandaminister den Menschen auch klarmachen, was sie nicht brauchten, was gefährlich für sie war, und wo die Feinde des Führers zu suchen waren.

Diejenigen, die andere Meinungen und Ideen als die Nationalsozialisten hatten, waren automatisch ihre Feinde. Genau aus diesem Grund wurden im Dritten Reich jene Schriftsteller, Künstler, Journalisten und Intellektuellen bekämpft, die die Begeisterung für den Führer nicht teilen wollten. Im Kampf um die herrschende Meinung in der Bevölkerung waren sie die Konkurrenten des Propagandaministers. Die Journalisten wurden argwöhnisch kontrolliert und zensiert. Man gab ihnen genau vor, was sie in den Zeitungen zu schreiben hatten. Die Vielfalt der Meinungen, die eine Demokratie auszeichnet, wurde im Dritten Reich unterdrückt. Alle jüdischen oder politisch unzuverlässigen Journalisten wurden entlassen. Weil sie die Gleichschaltung der Gedanken verhindern konnten, durften Artikel und Bücher vieler Schriftsteller in Deutschland nicht mehr erscheinen. Die Bücher von linken, demokratischen oder jüdischen Autoren wurden aus den Bibliotheken und Buchhandlungen entfernt, man nannte sie »undeutsch« und »zersetzend«.

Am 10. Mai 1933 organisierten nationalsozialistische Studenten in allen Universitätsstädten die Verbrennung von unerwünschten Büchern. Die Werke von berühmten Schriftstellern und Wissenschaftlern wie Erich Maria Remarque, Alfred Döblin, Heinrich Mann, Sigmund Freud oder Albert Einstein wurden in die Flammen geworfen. Auch die Bücher von Erich Kästner wurden verbrannt. Er hat das Ereignis selbst miterlebt: *»Ich stand vor der Universität, eingekeilt zwischen Studenten in SA-Uniform, den Blüten der Nation, sah unsere Bücher in die zuckenden Flammen fliegen und hörte die schmalzigen Tiraden des kleinen abgefeimten Lügners. Begräbniswetter hing über der Stadt. Plötzlich rief eine schrille Frauenstimme: ›Dort steht ja der Kästner!‹ Mir wurde unbehaglich zumute. Doch es geschah nichts. Die Bücher flogen weiter ins Feuer. In dem folgenden Jahrdutzend sah ich Bücher von mir nur die wenigen Male, die ich im Ausland war. Es ist ein merkwürdiges Gefühl, ein verbotener Schriftsteller zu sein und seine Bücher nie mehr in den Regalen und Schaufenstern der Buchläden zu sehen. In keiner Stadt des Vaterlands.«*

Der Griff nach der totalen Macht

Hitler wollte Krieg. Schon am 3. Februar 1933 hatte er offen vor den Generälen der Reichswehr gesagt, was er für Pläne hatte. Zuerst sollte in Deutschland die »Ausrottung des Marxismus« und eine »Stärkung des Wehrwillens« erreicht werden. Danach müsse man sich um die »Eroberung neuen Lebensraumes im Osten« kümmern. Dieses Endziel konnte nur Krieg bedeuten, und dazu brauchte Hitler eine starke Armee. Die riesige Parteiarmee der NSDAP, die SA, hätte diese Rolle gerne übernommen. Ihre Mitglieder verstanden sich als »alte Kämpfer« für den Führer und seine Bewegung. Sie hatten die Gegner der Nazis verprügelt, verfolgt und ermordet. Seit ihrer Gründung im Jahr 1920 war die Zahl ihrer Mitglieder bis 1934 auf über vier Millionen gestiegen. Der oberste SA-Führer Ernst Röhm wollte deshalb die alte Reichswehr unter seinen Befehl stellen. Doch damit waren natürlich die alte kaiserliche Armee und ihre stolzen Befehlshaber nicht einverstanden. Für sie war die SA nur unliebsame Konkurrenz, eine Bedrohung der eigenen Macht.

Und auch für Hitler konnte die SA zu Gefahr werden, weil sie mit ihrer Rolle nicht zufrieden war. Die »alten Kämpfer« warteten auf Posten, auf Belohnungen und Anerkennung. Der Machthunger der SA war ungestillt und schwer zu kontrollieren. Was tat Hitler nun mit seinen alten Helfern und Freunden? Er beschloss im Juni 1934 kaltblütig, die gesamte SA-Führung festnehmen und ermorden zu lassen. Ausgeführt wurde diese Mordaktion durch die SS, die von der Reichswehr unterstützt wurde. Mit diesem Schritt hatte sich Hitler endgültig die Gefolgschaft der Reichswehr gesichert und die SS als neues, wirkungsvolles Werkzeug des Terrors getestet. In der Bevölkerung verhalf ihm die grausame Mordtat sogar zu großer Popularität. Die SA-Braunhemden waren sehr unbeliebt. Sie hatten die Ordnung gestört, ihr Terror hatte Angst und Schrecken verbreitet. Jetzt, dachte man, hatte der Führer für Ruhe und Sicherheit gesorgt.

Vier Wochen nach der Röhm-Affäre starb der Reichspräsident Hindenburg. Jetzt konnte Hitler dessen Amt ungehindert übernehmen und alle Macht an sich reißen. Niemand wagte es, ihm jetzt noch Widerstand zu leisten. Alle Soldaten und Beamten schworen einen Treueid auf den »Führer des Deutschen Reiches und Volkes«.

Der Hitlerstaat

Führerkult und Propaganda

Vor dem Reichspräsidenten Hindenburg hatte Hitler noch eine tiefe Verbeugung gemacht; jetzt, nachdem er auch dessen Amt an sich gerissen hatte, beugte er sich vor niemandem mehr. Nur der Wille des Führers sollte das Deutsche Reich regieren. Am 4. August 1934 verkündete eine Zeitungsschlagzeile: »Heute ist Hitler ganz Deutschland!« Es bleibt erstaunlich, wie schnell die Deutschen ihm dabei folgten, und wie begeistert sich die Mehrheit auf seine Seite schlug. Nach der Ermordung der SA-Spitze war man bereit zu glauben, dass es jetzt wirklich aufwärts gehen würde. Dass Hitler die als chaotisch empfundene Weimarer Republik beseitigt hatte, rechnete man ihm als Verdienst an. Jetzt erwartete man hoffnungsvoll, dass die Nationalsozialisten die Arbeitslosigkeit bekämpfen würden. Auch dass es keine Straßenschlachten mehr gab, schätzten viele. Über das Schicksal derjenigen, die von den Nationalsozialisten verfolgt wurden, wollten immer weniger Menschen etwas wissen. Man sah zu, dass man selbst voran kam, Arbeit fand, die Familie ernährte.

Über allem und jedem sollte das Auge des Führers wachen. Das Bild Hitlers fand sich bald auf Briefmarken, Postkarten, Plakaten, Gemälden, in Schulbüchern, es hing in Büros, Wirtshäusern und immer häufiger auch in den Wohnzimmern. Seine Stimme war im Radio zu hören, öffentliche Plätze wurden durch Lautsprecher beschallt, und auf gigantischen Massenveranstaltungen sprach er direkt zu den Zuhörern. Es gab sogar Sammelbilder für Jugendliche zu kaufen, die man in ein großes Hitler-Album einkleben konnte. Viele Menschen fingen an, sich ehrlich für »ihren« Führer zu begeistern, sie verehrten ihn, nicht wenige beteten ihn wie einen Gott an.

Weil die Nationalsozialisten sehr geschickt darin waren, Stimmungen und Gefühle in ihrem Sinne auszunutzen, förderten sie solches Verhalten. Sie legten den Menschen nahe, dass der Nationalsozialismus eine Art Religion sei, und der Führer sei der »Prophet eines neuen Glaubens«. Auch aus diesem Grund übernahmen die Nationalsozialisten von den christlichen Kirchen viele Bräuche: Ihre Veranstaltungen wirkten wie Gottesdienste, Hitler warf sich häufig in die Pose eines Priesters oder eines »Gottgesandten«, und die NSDAP schuf sich ihre eigenen Heiligen. So wurde beispielsweise der SA-Mann Horst Wessel, der 1930 nach einer Schlägerei mit Zuhältern gestorben war, zu einem Märtyrer der Partei aufgebaut. Goebbels ließ überall verbreiten, er sei von Kommunisten erschlagen worden. Ein Marschlied, das Wessel verfasst hatte, wurde zum offiziellen Lied der Partei gemacht. Während des Dritten Reichs war es dann neben dem Deutschlandlied eine zweite aggressive Nationalhymne. *»Die Fahne hoch! Die Reihen fest geschlossen! SA marschiert mit ruhig festem Schritt! Kameraden, die Rotfront und Reaktion erschossen, marschier'n im Geist in unsern Reihen mit!«*

Die Propagandisten des Dritten Reichs unternahmen alles, um den Eindruck zu verstärken, dass der Führer ein mächtiger, gottgleicher Beschützer des Volkes sei. Vor allem Propagandaminister Goebbels tat sich dabei mit kitschigen Hymnen auf Hitler hervor: *»Dieses ganze Volk hängt ihm nicht nur mit Verehrung, sondern mit tiefer, herzlicher Liebe an, weil es das Gefühl hat, dass er zu ihm gehört, Fleisch aus seinem Fleische und Geist aus seinem Geiste ist. Aus dem*

Die Propaganda der Nazis war oft unglaublich kitschig.
Nicht selten wurde Hitler als Tier- und Kinderfreund dargestellt.

Viele Frauen verehrten Hitler und schwärmten regelrecht für ihn.

Volk ist er gekommen und im Volk ist er geblieben. Das ganze Volk aber liebt ihn, weil es sich in seiner Hand geborgen fühlt wie ein Kind im Arm der Mutter.« Durch diesen Führerkult wollten die NS-Propagandisten die Herrschaft Hitlers festigen, seine wahren Absichten verbergen und den brutalen Terror des Regimes verdecken. Denn dass Zwang und Gewalt auf die Dauer nicht ausreichen, um Menschen an sich zu binden, hatten die Nationalsozialisten sehr gut verstanden.

Eine Reihe von NS-Feiertagen wurden erfunden, die in ihrer Funktion den kirchlichen Feiertagen ähneln sollten. Sie hatten die Aufgabe, die Menschen an die »Heldentaten« Hitlers und der NSDAP zu erinnern. Außerdem sollten die häufigen Festtage und Feiern die Menschen betäuben, ihren »Glauben« an die »Volksgemeinschaft« und den Führer festigen: Am 30. Januar feierte man etwa die Machtergreifung; es gab den »Heldengedenktag« am 16. März; am 20. April folgte der Geburtstag des Führers; der 1. Mai, der »Tag der nationalen Arbeit«, wurde als höchstes Fest der »Volksgemeinschaft« begangen; am »Muttertag« ehrte man Frauen, die dem Führer und seinem Volk besonders viele Kinder geboren hatten, und am 9. November erinnerte man an den »Heldentod« von 16 Nationalsozialisten vor der Feldherrenhalle 1923 in München. Es gab viele weitere Gedenktage und festliche Kundgebungen, die man in ihrer Zahl kaum überblicken kann.

Das allerwichtigste Fest des Dritten Reichs fand immer Anfang September in Nürnberg statt: Der Reichsparteitag der NSDAP. Die achttägige Veranstaltung war als Leistungsschau der Partei und ihrer Gliederungen gedacht, doch im Mittelpunkt stand immer der Führer und seine Verherrlichung. Die bombastischen Aufmarschgelände und Hallen boten eine geeignete Bühne für die Zurschaustellung und Gestaltung seiner totalen Macht. Wie ein Priester sprach Hitler zu den SA- und SS-Männern, der versammelten Hitler-Jugend, der »Frauenschaft« und den Reichsarbeitsdienstmännern und der aufmarschierten Wehrmacht. Alle Blicke waren immer auf ihn ausgerichtet, und sein Blick schien alle auf ihren Plätzen festzunageln. Hunderttausende waren zu Blöcken eingeteilt, die Hitler langsam abschritt. Nichts blieb hier dem Zufall überlassen, alles war bis ins kleinste Detail geplant. Mit nächtlichen Lichtdomen, bei denen Flakscheinwerfer zu riesi-

Auf dem Reichsparteitag 1935 in Nürnberg maschierten SA- und SS-Formationen auf.

Die Reichsparteitage der NSDAP sollten immer auch die Macht der Nationalsozialisten zeigen.

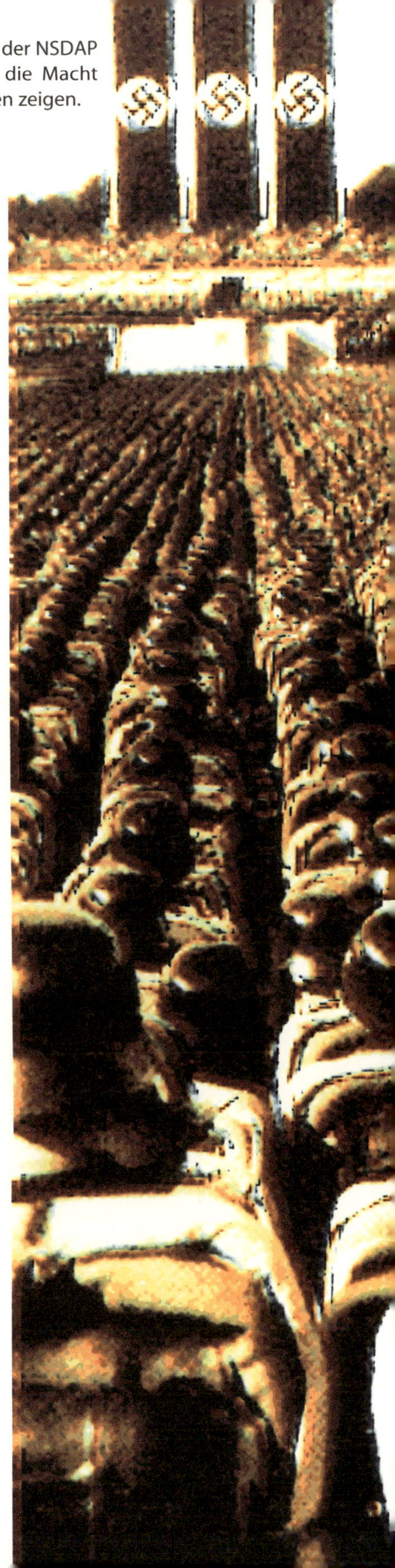

gen Lichtkuppeln gebündelt wurden, und unabsehbaren Fackelzügen fesselte man die Sinne der Zuschauer. Das Signal, das dieses Spektakel für die Partei und das Volk darstellen sollte, war klar: Der Führer ist allgegenwärtig und allmächtig. Ordne dich unter! Ordne dich ein! Folge dem Führer, dann wird Deutschland wieder groß und mächtig.

Hätten die Menschen damals nicht misstrauisch sein können? Waren sie zufrieden damit, dass der Staat ihre Gefühle lenken wollte? Fürchteten sie nicht, dass Hitlers ganzes Programm auf Krieg, Zerstörung und Völkermord hinauslaufen würde? Zunächst einmal, zwischen 1933 und 1939, schienen die Nationalsozialisten viele Hoffnungen und Sehnsüchte der überwiegenden Mehrheit der Deutschen zu erfüllen. In der Weimarer Republik fühlten sich viele durch die Vielfalt der politischen Meinungen überfordert. Die Nation schien zerrissen, uneins. Wer hielt noch die vielen politischen Ansichten und Parteien auseinander? Welchen Versprechungen konnte man trauen, und wer war stark genug, die schwierige Zukunft zu bewältigen? Gegen diese verwirrende Stimmenvielfalt setzten die Nazis die eine Stimme des Führers. Wenn nur einer spricht, muss man anderen nicht mehr zuhören. Wo man sich nur nach einem Programm zu richten hat, kann man sich nicht zwischen vielen Positionen verlaufen. Das schafft ein Gefühl von Ordnung und Übersichtlichkeit. Die nationalsozialistische Propaganda sorgte dafür, dass alles einheitlich und einfach aussah. Nur ein deutsches Volk sollte es geben, nur ein deutsches Reich, nur eine Partei und nur einen Führer: Adolf Hitler.

Auch das Versprechen der Nazis, die Kommunisten zu bekämpfen, kam bei vielen gut an. Seit der Revolution wurden die Kommunisten als Schreckgespenst beschworen. Es hieß, sie würden den Menschen alles wegnehmen, ihren Besitz rauben. Den sowjetischen Staat empfanden daher viele als bedrohlichen Alptraum, den die Kommunisten auch nach Deutschland tragen wollten. Deshalb fand ihre Verfolgung durch die Nazis große Zustimmung.

Ein anderer Ansatzpunkt der nationalsozialistischen Propaganda war die Furcht der Deutschen vor ihren Nachbarn, die nach dem Versailler Vertrag militärisch stärker waren. Nur der Führer – lautete die Botschaft der Nazis – könne die Zukunft des deutschen Volkes inmitten eines feindlichen Europa retten. Dass er militärisch aufrüsten ließ und gegenüber den anderen Ländern säbelrasselnd auftrat, verschaffte ihm sogar noch Bewunderung.

Auf eine breite Zustimmung zu ihren zutiefst judenfeindlichen Botschaften und Aktionen konnten die Nationalsozialisten ebenfalls hoffen. Die Nazis sprachen von einem »gesunden Volksempfinden«, das sich gegen »Volksschädlinge« und »fremdvölkische Elemente« wehren würde. Um Vorurteile und Abneigung gegen die Juden in der Bevölkerung noch zu steigern, benutzten die Nazis unterschiedliche Medien und Mittel: Sie brachten judenfeindliche Spielfilme in die Kinos, in Schulbüchern erschienen Aufsätze, die die Juden zu einer minderwertigen Rasse erklärten, es gab Gesellschaftsspiele, die die Juden verspotteten und ihre Vertreibung forderten, in zahllosen Reden nationalsozialistischer Führer wurden die Juden beschimpft und bedroht. Besonders widerwärtig war die nationalsozialistische Wochenzeitung »Der Stürmer«, die auch in zahlreichen öffentlichen Schaukästen ausgehängt wurde und deshalb große Beachtung fand. Auf der ersten Seite war immer eine Karikatur zu sehen, die die Juden als Menschenfresser, Kinderschänder, Verführer oder Vampire darstellte.

Führerkult und Propaganda hingen eng zusammen. Die Propaganda der Nazis reagierte auf bereits vorhandene Meinungen und Stimmungen der Bevölkerung und verstärkte sie: Die Abneigung gegen die Demokratie, die Angst vor den Kommunisten, die Ablehnung des Versailler Vertrages und den Hass gegen die Juden. Gleichzeitig

Junge Männer von 18 bis 25 Jahren mussten seit 1936 ein Pflichtjahr im Reichsarbeitsdienst ableisten. Das Gleiche galt später auch für junge Frauen.

schuf die Propaganda das Bild eines Mannes, der mit all diesen Problemen, Ängsten, Herausforderungen und Feinden Schluss machen würde. Nur er könne die Not beenden und die Nation retten. Und dieser Mann sollte Hitler sein.

Gab es Hitlers Wirtschaftswunder?

Manchmal höre ich jemanden sagen, dass Hitler auch seine gute Seiten gehabt habe. »Er hat doch die Arbeitslosen von der Straße geholt« oder »Von Hitler kann man viel lernen im Kampf gegen die Arbeitslosigkeit«. Man muss diesen Ansichten entschieden widersprechen. Sie sind gefährlich und falsch, weil sie unterschlagen, wie Hitlers »Wirtschaftswunder« zustande kam.

Soviel ist klar: Als Hitler 1933 an die Macht kam, gab es sechs Millionen Arbeitslose. Die Weimarer Republik war auch daran gescheitert, dass sie gegen diese Katastrophe kein wirksames Gegenmittel gefunden hatte. Kaum fünf Jahre später gab es praktisch keine Arbeitslosen mehr. In Deutschland herrschte Vollbeschäftigung, und in einigen Bereichen suchte man sogar händeringend nach zusätzlichen Arbeitskräften. Hatte Hitler ein Wunder vollbracht?

Zunächst einmal hatte er ein Versprechen gehalten. Vier Jahre Zeit solle man ihm geben, hatte er am 1. Februar 1933 gesagt, dann würde er die Arbeitslosigkeit beseitigt haben. Und als er diesen Erfolg dann tatsächlich errungen hatte, gab es in Deutschland kaum noch Menschen, die seiner Herrschaft nicht zustimmten. Selbst Arbeiter, die vorher die Sozialdemokraten oder die Kommunisten gewählt hatten, waren jetzt bereit, ihr Misstrauen gegen Hitler aufzugeben. Jetzt müssen wir aber genauer hinschauen! Zu welchem Preis ist dieser Erfolg errungen worden, und was für Folgen hatte er? Und –, was hatten die Menschen verloren, als sie Arbeit gefunden hatten?

Hatte Hitler etwa geniale und neue Pläne zur Bekämpfung entwickelt? Nein! Die Nationalsozialisten knüpften an Programme an, die bereits in der Weimarer Republik entwickelt worden waren und machten ansonsten genau das, was andere Länder damals auch taten: Sie setzten auf staatliche Arbeitsbeschaffung und schützten die eigene Wirtschaft vor ausländischen Erzeugnissen durch hohe Einfuhrzölle. Die Nazis pumpten dann vor allem viel Geld in öffentliche Bauvorhaben, bei denen sehr viel menschliche Arbeitskraft erforderlich war. Man verzichtete sogar dort auf den Einsatz von Maschinen, wo sie viel schneller als Hände gearbeitet hätten. Lieber ließ man fünfzig Männer schaufeln, als einen Bagger graben. Man förderte den Straßen- und Autobahnbau, die Anlage von Kanälen, die Verbesserung des Bodens, die Errichtung von Flugplätzen, Kasernen und den Bau von öffentlichen Gebäuden. Natürlich fanden viele Menschen bei diesen Unternehmungen Arbeit, wenn auch die Löhne sehr gering waren.

Hitlers Politik zielte auch darauf ab, dass Frauen ihren Arbeitsplatz für Männer frei machten. Das sogenannte Ehestandsdarlehen sollte die Frauen dazu anreizen: Wenn ein Paar heiratete und die Frau ihren

Arbeitsplatz aufgab, bekamen die jungen Eheleute 1000 Reichsmark Kredit für Möbel und Haushaltsgeräte. Bereits 1933 wurden 200 000 Ehen mehr als ein Jahr zuvor geschlossen. Diese Regelung führte nicht nur zu freiwerdenden Arbeitsplätzen und einem Heiratsboom, sondern auch zu einem Anstieg der Geburten, denn mit jedem Kind erließ man den Eheleuten ein Viertel des Kredits. In diesen Jahren wurden viele Kinder geboren, denen die Eltern aus Dankbarkeit den Namen Adolf gaben. Auch der 1935 gegründete Reichsarbeitsdienst (RAD), der alle Jugendlichen ab 18 Jahren zu einem sechs Monate dauernden Arbeitseinsatz verpflichtete, sorgte dafür, dass die Zahl der Arbeitslosen sank.

Eine andere Maßnahme lässt deutlich erkennen, dass Hitler mit dem Kampf gegen die Arbeitslosigkeit auch ein anderes Ziel verfolgte. Durch die Einführung der allgemeinen Wehrpflicht 1935 konnte er einerseits junge arbeitslose Männer von der Straße holen und andererseits Deutschlands militärische Stärke steigern. Hitler wollte, dass jeder öffentliche Einsatz zur Schaffung von Arbeitsplätzen auch der »Wiederwehrhaftmachung des deutschen Volkes« diente. »Wiederwehrhaftmachung« bedeutete jedoch nichts anderes als »Fit sein« für einen Krieg, den Hitler plante, seitdem er Reichskanzler geworden war. Aus diesem Grund waren die Ausgaben für die militärische Aufrüstung der Wehrmacht seit 1934 ständig gestiegen. 1938 wurden über 50 Prozent aller Ausgaben der öffentlichen Haushalte in die Aufrüstung und die Wehrmacht gesteckt. Eine riesige Summe! Zwar fanden dadurch sehr viele Menschen in der Rüstungsindustrie Arbeit, dafür fehl-

Eine Mutter packt ihrer Tochter, die das »Pflichtjahr« ableisten muss, den Koffer. Seit 1938 mussten Frauen zwischen 18 und 25 Jahren ein Jahr Dienst in Land- und Hauswirtschaft leisten.

ten sie jedoch bei der Produktion von Gütern für den privaten Konsum.

Und wie wurde die staatliche Arbeitsbeschaffung finanziert? Der Staat musste sich immer mehr verschulden, um das nötige Geld für die gigantische Aufrüstung und die aufwendigen Hilfsprogramme aufbringen zu können. Die einseitige Rüstungsproduktion führte auch dazu, dass die Bevölkerung nicht immer das kaufen konnte, was sie zu kaufen wünschte. Waffen konnte man weder anziehen noch essen; verkaufen konnte man sie auch nicht, wenn man sie selbst einsetzen wollte.

Hitlers Wirtschaftspolitik brachte also dieses Ergebnis: Deutschland hatte viele Waffen und viele Schulden, aber zu wenig Konsumgüter, Rohstoffe und kaum Zahlungsmittel, um ausländische Produkte einzukaufen. Wie wollte sich Hitler aus dieser Zwangslage befreien? Sparen? Die Produktion umstellen? Keinesfalls! Er wollte die Waffen benutzen, um Rohstoffe, Geld und Lebensmittel zu rauben. Nur wenn er den Lebensstandard der Bevölkerung hielt, konnte er sich die Zustimmung der Menschen dauerhaft sichern. Dazu brauchte er – wie man es damals ausdrückte – nicht nur »Kanonen«, sondern auch »Butter«. Die Erfahrung des Ersten Weltkrieges hatte Hitler gelehrt, dass ein hungerndes Volk schlecht kämpfen und siegen konnte. Schon allein deshalb wollte er »Lebensraum« erobern, ausplündern und mit der Beute die Mägen der »Volksgenossen« füllen. Darum setzte Hitler 1936 Hermann Göring als »Beauftragten für den Vierjahresplan« ein, der die Wirtschaft und die Wehrmacht innerhalb von vier Jahren »kriegsfähig« machen sollte. Durch die Produktion von Ersatz- und Rohstoffen sollte Deutschland zunächst unabhängiger von den Einfuhren ausländischer Erzeugnisse gemacht werden. Göring hatte keine Bedenken, für dieses Programm noch mehr Geld auszugeben, das sich der Staat erst leihen musste.

Ahnten die Menschen damals nicht, dass sie nicht nur für sich, sondern vor allem für Hitlers zukünftigen Eroberungskrieg arbeiteten? Ganz sicher ging es den meisten arbeitenden Deutschen nach dem Elend der Arbeitslosigkeit jetzt besser. Fast jeder hatte Arbeit, fast alle konnten sich kleine Wünsche erfüllen, einen bescheidenen Wohl-

Je länger der Krieg dauerte, desto schlechter wurden die Arbeitsbedingungen für Frauen in der Rüstungsindustrie. Die Arbeitszeit lag 1939 bei 48 Stunden pro Woche, 1944 arbeiteten die Frauen oft mehr als 56 Stunden.

stand genießen. Die nationalsozialistische Propaganda vergaß nicht, die Leistungen des NS-Regimes groß herauszustellen und die Erfolge zu feiern. Der Bau der Autobahnen beispielweise wurde in Zeitung und Rundfunk bejubelt und als geniale Leistung des Führers gefeiert, der die Autobahn im Alleingang erfunden hätte. Tatsächlich lagen die Pläne für die Anlage von Autobahnen schon Ende der zwanziger Jahre fertig in den Schubladen, nur die Weltwirtschaftskrise hatte ihre Ausführung verhindert. Je aufdringlicher die Nazis ihr »Wirtschaftswunder« ausriefen, desto deutlicher wurde, welchen Preis die Deutschen für diese kurzfristigen Erfolge langfristig zu bezahlen hatten.

So sahen die Schattenseiten des Erfolges aus: Die Arbeitslöhne der meisten Beschäftigten waren im Vergleich zu den rasch wachsenden Gewinnen weniger Großindustrieller nur langsam gestiegen. Und weiter: Durch die Zerschlagung der Gewerkschaften hatten die Arbeiter und Angestellten das Recht verloren, Vertreter zu wählen, die ihre Interessen gegenüber den Arbeitnehmern wahrnehmen. Es gab keine Tarifverhandlungen und kein Streikrecht. Auch die Möglichkeiten, den Arbeitsplatz oder den Beruf frei zu wählen, wurde durch die Nationalsozialisten zunehmend eingeschränkt. Hitler hatte also sehr vieles zerstört, bevor er etwas aufgebaut hatte. Wenn jemand dennoch die nationalsozialistische Beschäftigungspolitik lobt, sollte man ihm auch entgegenhalten, dass Hitlers Anstrengungen nur für »arische« Mitglieder der »Volksgemeinschaft« galten. Viele Arbeitsplätze wurden nicht zuletzt deshalb frei, weil man die jüdischen Deutschen von ihnen vertrieb, ihnen schließlich die wirtschaftliche Betätigung ganz verbot und ihnen ihre Vermögen raubte.

Hitler Aufrüstungskurs musste zwangsläufig entweder in den finanziellen Bankrott des Staates führen oder in den Krieg. Das Ergebnis ist bekannt. Ein letzter Gedanke zu Hitlers »Wirtschaftswunder«: Die Maßnahmen zur Bekämpfung der Arbeitslosigkeit konnte Hitler nur mit Gewalt und Terror durchsetzen. Hätte ein Unternehmer oder ein Arbeiter seine Rechte eingefordert und den Gehorsam verweigert, wäre er wahrscheinlich ins KZ gekommen. Wer also über Hitlers Wirtschaftswunder und seine Arbeitsbeschaffungspolitik sprechen will, darf die Konzentrationslager nicht verschweigen.

Der Führerstaat

Wie war der nationalsozialistische Staat aufgebaut? Die Propaganda zeichnete ein sehr einfaches Bild: »Ein Volk, ein Reich, ein Führer«. An der Spitze steht Adolf Hitler. Er befiehlt, Partei, Staat und Gesellschaft gehorchen. Alle Macht lag in seinen Händen und verteilte sich von oben nach unten. Alle wollten dasselbe und arbeiteten einträchtig Hand in Hand.

Die Wirklichkeit sah anders aus: Das Dritte Reich glich eher einem wilden Dschungel, in dem jeder jeden bekämpfte, um Hitlers Gunst zu erlangen und sich selbst Vorteile zu verschaffen. Schon im Verhältnis von Staat und Partei können wir ein großes Durcheinander und Gegeneinander entdecken.

»Nicht der Staat befiehlt uns, sondern wir befehlen dem Staat!«, sagte Hitler in einer Rede im September 1934. Nach der Machtübernahme hofften daher viele Parteimitglieder, dass sie in der Gesellschaft von nun an alles bestimmen und regeln dürften. Doch dagegen sträubten sich selbstverständlich die Beamten des Staates, die Fachleute in den Ministerien, die auf ihrem Gebiet sehr viel mehr Sachverstand besaßen als die Parteileute. Und weil Hitler auf diese Experten keinesfalls verzichten konnte, und es kaum genug qualifizierte Angehörige der NSDAP gab, die sie hätten ersetzen können, gelang es der Partei nicht überall, ihre Macht so durchzusetzen, wie sie es gerne getan hätte.

Doch eine Reihe von hohen Parteiführern wollte sich damit nicht abfinden. Einigen gelang es mit Hitlers Zustimmung, eigene Organisationen aufzubauen, die mit den staatlichen Stellen konkurrierten. Göring etwa machte als »Beauftragter des Vierjahresplanes« dem Wirtschaftsministerium Konkurrenz, Heinrich Himmler baute die Waffen-SS zu einer zweiten Armee neben der staatlichen Wehrmacht auf. Die Sonderbeauftragen des Führers wurden stärker, die staatlichen Stellen schwächer. So geriet der Aufbau des Staates durcheinander.

Man darf sich die NSDAP nicht als einen geschlossenen und einheitlichen Block vorstellen. Wie in jeder großen Organisation und Partei bildeten sich auch hier verschiedene Gruppen und politische Flügel. Es gab ältere oder jüngere, gebildete und ungebildete Menschen, ehrgeizige Leute, die Karriere machen wollten, fähige und unfähige Leute, tief überzeugte, gläubige Nationalsozialisten, aber auch solche, die die nationalsozialistischen Ideen heimlich verachteten. Allen jedoch war etwas gemeinsam: Sie beriefen sich bei ihren Handlungen auf Hitler und versuchten, seine Aufmerksamkeit und Zustimmung zu erlangen. Nach der Machtübernahme wuchs die Zahl der Parteimitglieder rasch an, und in der NSDAP entstanden Organisationen, die Millionen von Mitgliedern zählten. Die Deutsche Arbeitsfront

(DAF) beispielsweise, die nach der Zerschlagung der Gewerkschaften gegründet worden war und alle Arbeitnehmer zusammenfasste, hatte 1934 bereits 14 Millionen Mitglieder, 1942 waren es 25 Millionen. Die DAF sollte die Arbeitnehmer ganz im Sinne des Nationalsozialismus politisch schulen.

Der Führer der Arbeitsfront, Robert Ley, brachte sich überall dort gerne ins Spiel, wo es um Bildungsfragen und Kultur ging. Auf diesem Gebiet war er allerdings nicht der einzige, der etwas zu sagen hatte. Da war zunächst der staatliche Reichsminister für Wissenschaft, Erziehung und Volksbildung Bernhard Rust, der ein gewichtiges Wort mitreden wollte, dann der Propagandaminister Joseph Goebbels, der wichtigste Mann überhaupt in diesem Bereich, außerdem Alfred Rosenberg als Beauftragter für die weltanschauliche Schulung der NSDAP sowie Himmler als Führer der SS und von Fall zu Fall auch noch Hermann Göring. Ihre Vorstellungen davon, wie nationalsozialistische Erziehung und Kultur auszusehen hatten, waren aber sehr verschieden. Bei einigen Fragen lieferten sie sich richtige Kleinkriege und betrachteten sich als Feinde.

Hermann Göring war als Reichsmarschall nach Hitler der mächtigste Mann im Dritten Reich. Im Nürnberger Prozess wurde er als einer der Hauptkriegsverbrecher zum Tode verurteilt. Er entging der Hinrichtung jedoch durch Selbstmord.

Von solchen Auseinandersetzungen war das Dritte Reich auf vielen Gebieten geprägt. Nur die nationalsozialistische Propaganda und die überragende Stellung des Führers verdeckten dieses Chaos. Für Hitler waren diese Konflikte von Nutzen, und nicht selten hat er sie gefördert. Wer etwas werden wollte unter ihm, musste sich durchsetzen, andere niederkämpfen, unterkriegen. Solange sich die Parteiführer unter ihm stritten, konnten sie auch nicht auf die Idee kommen, ihn zu stürzen. Die mächtigsten Männer des Dritten Reichs wurden diejenigen, die den Willen des Führers bedingungslos erfüllten, ihm treu ergeben waren und ihre Vorstellungen in seinem Namen rücksichtslos gegen andere durchsetzten: Göring, Goebbels, Himmler.

Über dem Wirrwarr der Zuständigkeiten, Ämter und Rivalen schien der Wille des Führers zu schweben und Staat und Partei zu beherrschen. Diese Position machte Hitler ziemlich unangreifbar, weil peinliche Fehler immer auf andere geschoben werden konnten. So war er in der Bevölkerung überaus beliebt. Wenn etwas schief lief, die Menschen sich ungerecht behandelt fühlten oder mit dem Staat nicht einverstanden waren, gaben sie selten Hitler die Schuld dafür: »Wenn das der Führer wüsste!«, seufzten dann viele.

Das Dritte Reich wurde aber nicht nur durch Adolf Hitler zusammengehalten, sondern auch durch die vielen kleinen Führer, die seinem Vorbild nacheiferten. Letztendlich mussten zwar alle dem Führer gehorchen, aber sehr viele ließen zuerst einmal andere gehorchen. Die Deutschen nahmen Befehle entgegen und waren froh, Befehle geben zu können. Es gab sogenannte Gauleiter, die ein bestimmtes Gebiet leiteten, zum Beispiel Städte wie Hamburg, Berlin oder Gebiete wie Schleswig-Holstein. Die Gauleiter konnten nur von Hitler persönlich ernannt werden und besaßen in ihren Gauen überaus viel Macht. In der Rangfolge nach ihnen kamen dann die Kreisleiter, es folgten Ortsgruppenleiter und zuletzt die Zellen- und Blockleiter.

Der Block war die kleinste Organisationseinheit der NSDAP. Er umfasste etwa 40 bis 60 Haushalte mit 160 bis 240 Personen. Der Blockleiter, der später meistens Blockwart genannt wurde, war demnach der unterste Führer der Partei. Sieht man sich einmal seine Aufgaben an, bekommt man eine Vorstellung da-

Joseph Goebbels war Minister für Volksaufklärung und Propaganda. Er gehörte zu den wichtigsten Männern um Hitler und kontrollierte die Kultur des Dritten Reichs. Berüchtigt wurde seine Rede im Berliner Sportpalast, als er den »totalen Krieg« forderte. Kurz vor Kriegsende beging er Selbstmord.

von, was selbst ein so untergeordneter Leiter für Möglichkeiten hatte, Macht auszuüben. Anfangs sollte der Blockleiter nur die Beiträge der Parteimitglieder einziehen, doch schon bald übernahm er viele weitere Aufgaben. Er sammelte die Beiträge für die Volkswohlfahrt, die Spenden fürs Winterhilfswerk und andere Abgaben. Seit Beginn des Krieges verteilte er auch die Lebensmittel- und Kleiderkarten. Bei all diesen Aufgaben erhielt der Blockleiter natürlich häufig Zutritt zu den privaten Wohnungen. So konnte er die Menschen bedrängen, in die Partei oder eine ihrer Gliederungen einzutreten. Er achtete darauf, dass man mit dem Deutschen Gruß »Heil Hitler!« grüßte, oder er kontrollierte, ob an Feiertagen auch die Hakenkreuzfahne aus dem Fenster hing. Er war das Auge und das Ohr der Partei, weil er alle Leute und ihr Privatleben kannte und es als Nachbar überwachen konnte. Er verfolgte Gerüchte oder Meckereien, er warb für das Ansehen der Partei und sammelte verdächtige Beobachtungen in einer Kartei, in der jeder »Volksgenosse« seines Gebiets verzeichnet war. Die gefürchtete Geheime Staatspolizei (Gestapo) war nicht zuletzt deshalb so mächtig, weil ihr sehr viele Menschen wie die Blockleiter zuarbeiteten, indem sie Informationen weitergaben. Auch viele Deutsche, die gar nicht in der Partei waren, betätigten sich auf diese Weise und zeigten ihre Nachbarn oder ihnen verdächtige Menschen an. Kann man da noch sagen, dass die Verbrechen des Dritten Reichs nur von Hitler und einer kleinen Gruppe verübt worden seien? Mit diesem Argument wollten nach 1945 viele ihre persönliche Schuld wegwischen. Das Dritte Reich hatte jedoch viele Führer, und wer führt, trägt Verantwortung.

Der SS-Staat

Wer sich im Dritten Reich vor Verfolgung und Terror fürchtete, der zitterte meistens vor der SS. Die Abkürzung steht für das Wort Schutzstaffel. Dahinter steckte die mächtigste und einflussreichste Organisation des Dritten Reichs. Die SS war so verzweigt und in unterschiedliche

Adolf Hitler bei einer Rede, bewacht von der SS-Leibstandarte, 1934.

Ämter und Abteilungen gegliedert, dass es schwer fällt, ihren Aufbau zu überblicken. Weil die SS im Dritten Reich eine so wichtige Rolle spielte, ist der nationalsozialistische Staat von Historikern auch als »SS-Staat« bezeichnet worden. Schauen wir uns zunächst die Geschichte der SS an. Wie und wann ist sie entstanden, und warum hat sie so machtvoll werden können?

Seit 1925 nannten sich die persönlichen Leibwachen Hitlers »Schutzstaffeln«, kurz SS. Seitdem Heinrich Himmler 1929 zum Reichsführer der SS worden war, war die Zahl ihrer Mitglieder von 280 auf 50 000 Mann im Jahr 1933 gestiegen. Im ersten Jahr nach der Machtübernahme wuchs ihre Stärke bereits auf 200 000 Mann. Fünf Monate nachdem Hitler Reichskanzler geworden war, wurden 120 besonders geeignete SS-Angehörige zur »Leibstandarte Hitler« erklärt.

Ihren Eid mussten sie persönlich auf Hitler schwören. Auch diese zuerst kleine Gruppe wuchs in den nächsten Jahren rasch an. Mit ihrer Hilfe ließ Hitler 1934 die Führung der SA verhaften und ermorden. Erst jetzt wurde die SS, die bisher der SA zugeordnet war, zu einer selbständigen Organisation der NSDAP. Aus der Leibstandarte und anderen Gruppen baute Himmler dann die »SS-Verfügungstruppen« auf, aus denen im Zweiten Weltkrieg die »Waffen-SS« entstand. 1944 zählte sie 950 000 Mann und war damit neben der Wehrmacht zu einer zweiten Armee geworden. Zur »Waffen-SS« gehörten ebenfalls die »SS-Totenkopfverbände«, die für die Bewachung der Konzentrationslager zuständig waren.

Inzwischen war Himmler auch der Chef der gesamten deutschen Polizei geworden. Von nun an lautete sein Titel »Reichsführer der SS und Chef der Deutschen Polizei«. Damit wurde eine Parteiorganisation mit einer staatlichen Organisation verbunden. Trotzdem gehorchte Himmler weder staatlichen noch parteilichen Stellen. Er ließ sich nur von Hitler Befehle geben. Diese Stellung zwischen Staat und Partei brachte der SS große Unabhängigkeit und Autorität. Alle Mitglieder der SS hatten ihren Eid auf Adolf Hitler zu leisten: »Ich gelobe dir und den von dir bestimmten Vorgesetzten Gehorsam bis in den Tod«.

Vier Wochen nachdem die Deutschen in Polen einmarschiert waren, wurde eine folgenschwere Veränderung innerhalb der SS-Organisation vorgenommen. Die staatliche Sicherheitspolizei, zu ihr gehörte auch die Geheime Staatspolizei (Gestapo), wurde mit dem Sicherheitsdienst (SD) der SS im Reichssicherheitshauptamt (RSHA) zusammengefasst. Leiter dieses zentralen SS-Amtes wurde Reinhard Heydrich. Der zweite Mann hinter Himmler gab unmenschliche Befehle, wenn sie seiner Karriere nützlich waren. Die Vollmachten des RSHA waren nahezu unbeschränkt. Das RSHA war 1940 in sieben, 1944 in zwölf Ämter unterteilt, die verschiedene Aufgaben hatten: Sie bildeten Agenten aus, sie betrieben die Ausbürgerung von Staatsfeinden und Juden, sie beschlagnahmten die Vermögen der Verfolgten, sie betrieben Spionage im In- und Ausland, sie machten Jagd auf alle Gegner des Nationalsozialismus sowie auf unpolitische Kriminelle.

Zum Amt IV des RSHA gehörte auch das Referat IV B 4, in dem Adolf Eichmann die Vernichtung der europäischen Juden organisierte.

Die Macht der SS gründete sich auch darauf, dass sie jeden möglichen Gegner in Haft nehmen und ihn in ein Konzentrationslager bringen konnte. Und wer ein Gegner war, bestimmte die SS. Gegen diesen Terror gab es schon bald keine rechtlichen Mittel mehr. Jeder konnte ein Opfer der SS-Gewalt werden, ohne sich wehren zu können.

Die SS begnügte sich aber keineswegs damit, ausschließlich politische Gegner zu inhaftieren und zu foltern. Auch alle »volksschädigenden Elemente«, die nicht zur »Volksgemeinschaft« des Dritten Reichs gehören sollten, sperrte man ein: In den Konzentrationslagern wurden sie durch verschiedenfarbige Stoffwinkel auf ihrer Häftlingskleidung gekennzeichnet. Politische Häftlinge trugen rote Winkel, Lila stand für die Zeugen Jehovas, Schwarz für Asoziale, Grün für Kriminelle, Rosa für Homosexuelle, und Juden mussten einen sechszackigen gelben Stern tragen. Nachdem Hitler den Krieg begonnen hatte, ging die Zahl der KZ-Häftlinge in die Millionen. Sie mussten wie Sklaven unter den schlimmsten Bedingungen für die deutsche Rüstung und Industrie schuften, bis sie zu schwach waren. Dann starben sie an Erschöpfung, an Krankheiten, oder sie wurden von den SS-Wachmannschaften ermordet.

Die SS verstand sich selbst als eine Auslese der Besten, weil sie den Anspruch hatte, den Willen des Führers zu erfüllen. Um diese Aufgabe erfüllen zu können, wurden die Bewerber der SS nach strengen Regeln ausgesucht. Die Bewerber mussten »gutes Blut haben« und groß sein. Auch ihre Gesichtszüge wurden geprüft. Heinrich Himmler achtete auf die Einhaltung dieser Merkmale sehr genau, weil er den Ehrgeiz entwickelt hatte, die nationalsozialistische Rassentheorie vor allen anderen Naziorganisationen zu verwirklichen. Im Mittelpunkt dieser wissenschaftlich unhaltbaren Theorie stand die Behauptung, die nordische Rasse sei allen anderen Rassen überlegen. Und weil die nordische Rasse die »Herrenrasse« sei, müsse man sie züchten, Lebensraum für sie schaffen, minderwertige Rassen vertreiben oder sie ganz einfach »ausmerzen«.

Heinrich Himmler, Chef der SS und der deutschen Polizei, besichtigt ein russisches Kriegsgefangenenlager. Sommer 1941.

Durch den Zweiten Weltkrieg konnte die SS ihre Macht fast auf ganz Europa ausdehnen. Die Waffen-SS beteiligte sich an den Eroberungsfeldzügen, das RSHA plante die Vernichtung der Juden, die SS-Totenkopfverbände bewachten die Konzentrationslager, und die SS-Einsatzgruppen begannen hinter der Front mit dem Völkermord. Zu ihren Opfern gehörten hier nicht nur Juden, sondern auch die polnische und sowjetische Bevölkerung, Zigeuner und kranke Menschen, die in Heil- und Pflegeanstalten lebten.

Mehr als jede andere nationalsozialistische Organisation verkörperte die SS den Willen Hitlers zu Krieg, Völkervernichtung und Zerstörung. Himmler gelang es, viele SS-Mitglieder zu Massenmördern zu machen. Er redete sich und seinen Männern ein, dass man alles tun dürfe, wenn es für Deutschland gut sei. In einer Rede, die Himmler am 4. Oktober 1943 vor SS-Gruppenführern hielt, kommt die entsetzliche Rücksichtslosigkeit und menschliche Kälte dieser Gedanken zum Ausdruck: *»Wie es den Russen geht, wie es den Tschechen geht, ist mir total gleichgültig. Das, was in den Völkern an gutem Blut unserer Art vorhanden ist, werden wir uns holen, indem wir ihnen, wenn notwendig, die Kinder rauben und sie bei uns großziehen. Ob die anderen Völker in Wohlstand leben oder ob sie verrecken vor Hunger, das interessiert mich nur soweit, als wir sie als Sklaven für unsere Kultur brauchen, anders interessiert mich das nicht. Ob bei dem Bau eines Panzergrabens 10 000 russische Weiber vor Entkräftung umfallen oder nicht, interessiert mich nur soweit, als der Panzergraben für Deutschland fertig ist. Ich will hier vor Ihnen in aller Offenheit auch ein ganz schweres Kapitel erwähnen. Unter uns soll es einmal ganz offen ausgesprochen sein, und trotzdem werden wir in der Öffentlichkeit nie darüber reden. Ich meine jetzt die Ausrottung des jüdischen Volkes. Von Euch werden die meisten wissen, was es heißt, wenn 100 Leichen zusammenliegen, wenn 500 Leichen daliegen oder wenn 1 000 daliegen. Dies durchgehalten zu haben und dabei, abgesehen von Ausnahmen menschlicher Schwächen, anständig geblieben zu sein, das hat uns hart gemacht. Dies ist ein niemals geschriebenes und niemals zu schreibendes Ruhmesblatt unserer Geschichte.«*

Nach der deutschen Kapitulation versuchte Heinrich Himmler unterzutauchen. Doch man nahm ihn gefangen. Bevor man ihn vor Gericht stellen konnte, brachte er sich durch Gift um. Im Nürnberger Prozess wurde die SS 1946 zur verbrecherischen Organisation erklärt.

Widerstand

In den Nächten bereitete Johann Georg Elser den Tod des Führers vor. Nacht für Nacht ließ er sich im Münchner Bürgerbräukeller einschließen, um eine Bombe mit Zeitzünder neben dem Rednerpult anzubringen. Dort würde Hitler am 8. November 1939 stehen und zu den »Alten Kämpfern« der Partei sprechen. Das tat er jedes Jahr an diesem Tag. Elser fürchtete, dass Hitler Krieg und Verzweiflung bringen würde. Deshalb handelte er. Er war ein Einzelgänger, unauffällig, kein Mann der großen Worte. Tatsächlich explodierte Elsers Bombe am Abend des 8. November, zwanzig Minuten nach neun Uhr. Sieben Menschen wurden getötet, 60 Menschen verletzt. Hitler war nicht unter ihnen. Er hatte seine Rede zehn Minuten früher beendet und das Gebäude verlassen. Elser wurde auf der Flucht verhaftet. Man brachte ihn in das KZ Sachsenhausen, wo man ihn wenige Wochen vor Ende des Krieges ermordete.

Für den deutschen Widerstand gegen die nationalsozialistische Herrschaft war die Situation Elsers beispielhaft. Er handelte allein und besaß keine Verbindung zu anderen Widerstandsgruppen. Seine Tat löste deshalb keine weiteren Aktionen aus. Zwar hat es zwischen 1933 und 1945 immer wieder Widerstand gegen das NS-Regime gegeben, eine breite und weitverzweigte Bewegung kann man jedoch nicht ausmachen. In Hitlers Terrorstaat hat es immer nur einzelne Personen oder kleine Gruppen gegeben, die bereit waren, heimlich Plakate zu kleben, Flugblätter zu verteilen, Parolen zu malen oder Pläne zu schmieden, die den Umsturz herbeiführen sollten. All diese Aktivitäten geschahen unter Lebensgefahr. In den zwölf Jahren des Dritten Reichs wurden ungefähr 12 000 Menschen wegen ihres Widerstandes hingerichtet. Der Sicherheitsdienst (SD) und die Geheime Staatspolizei (Gestapo) waren sehr wirkungsvolle und gefährliche Organisationen, mit denen das NS-Regime die Bevölkerung bewachte und beobachtete. Sobald sich größere Widerstandsgruppen bildeten, wuchs die Gefahr, dass die Gestapo einen Spitzel einschleusen konnte, der alles verriet und auffliegen ließ. Viele Gruppen sind daran gescheitert. Der Brief eines Widerstandkämpfers an einen Bekannten in England vermittelt uns einen Eindruck von den schwierigen Bedingungen, unter denen die Widerstandsgruppen damals arbeiteten. Er schreibt: *»Kannst du dir vorstellen, was es bedeutet, als Gruppe zu arbeiten, wenn man das Telefon nicht benutzen kann, wenn du die Namen deiner nächsten Freunde anderen Freunden nicht nennen darfst aus Angst, dass einer von ihnen erwischt werden und die Namen unter Druck preisgeben könnte?«*

Auch der fehlende Rückhalt in der Bevölkerung war ein entscheidender Grund dafür, dass der Widerstand gegen Hitler keine größeren

Kreise zog. Der überwiegende Teil der Deutschen stimmte der Politik des Führers lange Zeit zu. Man war erschrocken über Attentate auf den »Retter der Nation« und hörte erleichtert, dass ihm nichts passiert war. Die überwiegende Mehrheit der Bauern, Bürger, Angestellten und Arbeiter war auf Hitlers Seite. Hatte er nicht die Arbeitslosigkeit beseitigt und die »Fesseln des Versailler Vertrages gesprengt«? Und hatte er sich nicht in den »Blitzkriegen« gegen Polen und Frankreich als genialer Feldherr gezeigt? Dass diese »Erfolge« Unrecht waren und Deutschland direkt in die Katastrophe führen sollten, wollten oder konnten die meisten Deutschen nicht begreifen. Dazu kam, dass es die nationalsozialistische Propaganda immer wieder geschickt verstand, die Menschen für Hitler einzunehmen und zu begeistern. Bei diesen Menschen konnten die Widerstandskämpfer kaum auf Zustimmung für ihr Handeln hoffen.

Der Widerstand gegen das NS-Regime kam aus vielen verschiedenen politischen Richtungen und hatte oft sehr entgegengesetzte Ziele. Die Kommunisten und die Sozialdemokraten wurden, ebenso wie viele Gewerkschafter, in den Untergrund getrieben und versuchten, alte Kontakte und Verbindungen aufrechtzuerhalten. Sie druckten illegale Zeitungen, brachten Informationen über Deutschland ins Ausland und entwickelten politische Programme für eine Zukunft ohne Hitler. Vor allem die Kommunisten waren von den Nationalsozialisten als kampfstarke Gegner gefürchtet. Viele ihrer führenden Mitglieder wurden deshalb in den ersten Monaten nach der Machtübernahme verhaftet oder ermordet. Andere retteten sich mit Glück ins Ausland. Kaum anders erging es den Sozialdemokraten, deren Führung zunächst nach Prag und dann nach Paris flüchtete. Die Partei versuchte, die Verbindung zwischen geflohenen und in Deutschland gebliebenen Mitgliedern zu halten. Nachdem die deutschen Truppen aber auch Westeuropa besetzt hatten, rissen diese Kontakte fast gänzlich ab.

Die evangelische und die katholische Kirche haben sich vor allem da zur Wehr gesetzt, wo ihre eigenen Interessen bedroht waren. Zunächst begrüßten beide Kirchen 1933 sogar die Hitler-Regierung. Nur zögerlich bildete sich in einzelnen Gemeinden und kirchlichen Gruppen Widerstand gegen den Machtmissbrauch der Nazis. Der evangelische Seelsorger Dietrich Bonhoeffer, der mutig die nationalsozialistische Rassenlehre angriff und Juden zur Flucht verhalf, wurde verhaftet und am 9. April 1945 ermordet. Auch in der »Bekennenden Kirche« widersetzten sich evangelische Christen wie Pfarrer Martin Niemöller der Politik der Nationalsozialisten. Vereinzelt protestierten auch katholische Geistliche oder Bischöfe gegen die planmäßige Ermordung behinderter Menschen oder die Verfolgung der Juden. So wurde der Berliner Geistliche Bernhard Lichtenberg verhaftet und ermordet, weil er es gewagt hatte, öffentlich für die verfolgten Juden zu beten. Die Amtskirche ließ diese mutigen Einzelgänger jedoch meist im Stich und schwieg.

Da die nationalsozialistischen Herrscher alle Jugendlichen zum Dienst in der Hitler-Jugend zwingen und ihre Freizeit genau regeln wollten, gab es auch junge Menschen, die sich gegen die Unterdrückung auflehnten. Im Rhein- und Ruhrgebiet schlossen sich vor allem Schüler und Lehrlinge zusammen und nannten sich »Edelweißpiraten«. Sie flohen vor dem Dienst in der Hitler-Jugend, lieferten sich Schlägereien mit HJ-Gruppen und schrieben Anti-Hitler-Sprüche an Hauswände. Auch sie wurden gnadenlos von der Gestapo verfolgt. In Köln wurden 1944 dreizehn Edelweißpiraten hingerichtet.

Hans und Sophie Scholl mussten ebenfalls sterben, weil sie bereit waren, für ihre Ideen zu kämpfen. Die Geschwister gehörten einer studentischen Widerstandsgruppe in München an, die unter dem Namen »Weiße Rose« Flugblätter gegen Hitler und den Nationalsozialismus verteilte. Noch am Morgen ihrer Hinrichtung am 22. Februar 1943 hoffte Sophie Scholl, dass die Aufrufe der »Weißen Rose« Tausende Menschen aufrütteln würden. Doch bereits am Abend desselben Tages versicherten die Münchner Studenten öffentlich, dass sie treu zum Führer stünden. Sophie war 21 Jahre und ihr Bruder Hans 24 Jahre alt, als man ihnen die Köpfe abschlug.

Die größten Erfolgschancen, die nationalsozialistische Herrschaft zu stürzen, hatte sicherlich der militärische Widerstand, der eng mit bürgerlichen Kreisen zusammenarbeitete. Seit 1938 planten Offiziere und Generäle der Wehrmacht, Hitler auszuschalten. Durch ihren Anschlag wollten sie den drohenden Krieg verhindern, den sie als Un-

Die Geschwister Hans und Sophie Scholl und Christoph Probst (von links) gehörten der studentischen Widerstandsgruppe »Die Weiße Rose« in München an. Nach ihrer Verhaftung im Februar 1943 wurden sie hingerichtet.

glück für Deutschland ansahen. Lange Zeit jedoch schreckten die Militärs davor zurück, Hitler zu töten. Immerhin hatte er die Reichswehr aufgerüstet und ihnen damit alte Stärke zurückgegeben. Erst als der Krieg schon verloren war und die Vernichtung der Juden immer schneller betrieben wurde, entschlossen sie sich zum Attentat auf Hitler. Nach vielen vergeblichen Versuchen konnte Oberst Graf von Stauffenberg am 20. Juli 1944 eine Bombe in Hitlers unmittelbarer Nähe platzieren. Doch die Explosion war zu schwach, der »Führer« überlebte leicht verletzt. Fast alle Verschwörer wurden hingerichtet. Verdächtige oder Mitwisser wurden von der Gestapo verhaftet und gefoltert. Selbst die Familien der Widerstandskämpfer ließ Hitler mit großer Grausamkeit verfolgen.

Viele Menschen, die auf ganz verschiedene Art und Weise im Dritten Reich Widerstand leisteten, blieben ohne Namen. Sie verweigerten den Hitlergruß, versteckten Verfolgte, halfen anderen bei der Flucht, schmuggelten Nachrichten ins Ausland, hielten an ihren Ideen oder ihrem Glauben fest, sie behinderten die Produktion von Waffen, verweigerten sich Befehlen oder flüchteten sich aus dem Dienst der Armee. Wenn wir diese Formen des Widerstands nicht vergessen, können wir das Handeln und Leben aller Menschen im Dritten Reich besser verstehen.

Jugend im Dritten Reich

Die Nationalsozialisten verfolgten und verboten viele Dinge, die Jugendlichen zu allen Zeiten Spaß machen. Sie legten genau fest, was junge Menschen hören, denken, lesen und anziehen sollten. Ihre Freizeit war streng geregelt, ihre Freunde wurden ihnen vorgeschrieben. Ihre persönlichen Wünsche, Hoffnungen, ihre eigenen Interessen und Sympathien spielten in Hitlers Vorstellungen keine Rolle. Er gab ihnen nicht einmal Gelegenheit, sie zu entwickeln. Ein Diktator wie er war an ihnen nur als Baustein für seinen Staat und seinen Ruhm interessiert.

Die Nationalsozialisten forderten eine harte Jugend, die die Macht des Führers und des Staates auch in Zukunft sichern sollte. Die Jugend – so dachten sie – könne man noch bearbeiten wie Knetgummi, nach eigenen Vorstellungen formen und bearbeiten. Sie nutzten die Begeisterungskraft der Jugendlichen rücksichtslos für ihre politischen Ziele aus. Der Hitlerstaat verstand sich als Erzieher, der die Aufgaben von Schule und Eltern übernehmen wollte. Wie sich Hitler die Erziehung der Jugend vorstellte, hat er 1938 in einer Rede verkündet: *»Diese Jugend, die lernt ja nichts anderes als deutsch denken, deutsch handeln, und wenn diese Knaben mit zehn Jahren in unsere Organisation hineinkommen und dort zum ersten Mal überhaupt eine frische Luft bekommen und fühlen, dann kommen sie vier Jahre später vom Jungvolk in die Hitler-Jugend, und dort behalten wir sie wieder vier Jahre. Und dann geben wir sie erst recht nicht zurück in die Hände unserer alten Klassen- und Standeserzeuger, sondern dann nehmen wir sie sofort in die Partei, in die Arbeitsfront, in die SA oder die SS, in das NSKK (Nationalsozialistisches Kraftfahrkorps) und so weiter. Und wenn sie dort zwei Jahre oder anderthalb Jahre sind und noch* *nicht ganze Nationalsozialisten geworden sein sollten, dann kommen sie in den Arbeitsdienst und werden dort wieder sechs oder sieben Monate geschliffen, alles mit einem Symbol, dem deutschen Spaten. Und was dann nach sechs oder sieben Monaten noch an Klassenbewusstsein oder Standesdünkel da oder da noch vorhanden sein sollte, das übernimmt dann die Wehrmacht zur weiteren Behandlung auf zwei Jahre, und wenn sie nach zwei oder drei oder vier Jahren zurückkehren, dann nehmen wir sie, damit sie auf keinen Fall rückfällig werden, sofort wieder in die SA, SS und so weiter, und sie werden nicht mehr frei ihre ganzes Leben.«* Nicht mehr frei sein das ganze Leben? Wer ließe sich heute noch in diesem Erziehungskäfig einsperren? Wo war in diesen Vorstellungen noch Platz für die Persönlichkeit von Jugendlichen?

Hitler-Jugend

Die Hitler-Jugend (HJ) sollte das wichtigste Erziehungsinstrument der Nazis sein. Die HJ war zuerst eine Jugendorganisation der NSDAP, die 1926 ihren Namen erhielt. Von 1931 bis 1940 war Baldur von Schirach der Reichsjugendführer der HJ. Nach der Machtübernahme durch die Nazis schaltete er alle anderen Jugendverbände aus, um die HJ zur Staatsjugend zu machen. In den Anfangsjahren des Dritten Reichs war der Beitritt zur HJ noch freiwillig, doch auf Eltern, Lehrer oder Ausbilder wurde starker Druck ausgeübt, damit die Kinder und Jugendlichen »freiwillig« in die HJ eintraten. Dann aber wurden 1936 und 1939 Gesetze erlassen, die die Mitgliedschaft zur Pflicht machten. Wer jetzt nicht in die HJ eintrat, konnte streng bestraft werden.

Mitgliedschaft in der HJ, der Jugendorganisation der NSDAP, war Pflicht. Alle anderen Jugendorganisationen wurden verboten oder eingegliedert.

Hinein in die Hitler-Jugend

Die HJ war nach verschiedenen Altersstufen gegliedert. Bereits 10-jährige Kinder mussten eintreten. Die 10- bis 14-jährigen Jungen wurden in das Deutsche Jungvolk (DJ) aufgenommen, die 14- bis 18-jährigen taten dann in der eigentlichen HJ ihren Dienst. Die Geschlechter waren dabei strikt getrennt. Jungmädel (JM) wurden die 10- bis 14-jährigen Mädchen in der Hitler-Jugend genannt, die älteren Mädchen von 14 bis 18 waren im Bund Deutscher Mädel (BDM) organisiert. Die Rangordnung innerhalb der Hitler-Jugend war wie bei einer Pyramide von oben nach unten geordnet. Jeder Führer oder jede Führerin einer Gruppe konnte sich als Führer oder Führerin von anderen fühlen, war aber gleichzeitig anderen untergeordnet. 1939 hatte die Hitler-Jugend etwa 765 000 Führer und Führerinnen und 8 870 000 Mitglieder. Nur für Jungen gab es je nach Interesse verschiedene Untergruppen wie die Motor-, Reiter-, Flieger- oder Marine-HJ, außerdem gab es Musikzüge. Der Schwerpunkt der Hitlerjugendarbeit fand aber nicht in diesen Gruppen statt und war oft nicht sehr spannend: Die Jugendlichen wurden militärisch gedrillt, sie mussten marschieren, Hitlers langweilige und wirre Texte lesen, Rassenkunde betreiben oder die Lebensläufe berühmter Naziführer auswendig lernen. Mädchen wurden häufig für soziale Aufgaben herangezogen. Sie mussten für das Winterhilfswerk Spielzeug basteln oder in kinderreichen Familien helfen. In der Regel fand der Dienst zweimal in der Woche statt, meist mittwochs und immer am Samstagnachmittag nach der Schule.

Trotzdem gab es auch viele Jugendliche, die ihre Zeit in der Hitler-Jugend als schön und aufregend empfanden. Vor allem die Führer und Führerinnen waren stolz darauf, Verantwortung zu übernehmen und Entscheidungen zu treffen. Viele Jugendliche schätzten es auch, dass die Hitler-Jugend ihnen etwas anderes anbot als Schule und El-

Ab zehn mussten alle Jugendlichen in die HJ eintreten. Dieses Plakat von 1937 zeigt ein Jungmädel mit langen Zöpfen. So stellten sich die Nazis am liebsten junge Mädchen und Frauen vor.

ternhaus. Man musste keine guten Zensuren haben, um ein guter Hitlerjunge zu sein, und die Mitgliedschaft in der Hitler-Jugend bot genügend Möglichkeiten, die Schule zu schwänzen. Die frühere BDM-Führerin Melita Maschmann erinnert sich: *»In der Obersekunda fing ich an, die Schule zu schwänzen. Der Dienst in der Hitler-Jugend verschlang immer mehr Zeit und Kraft. Oft ging ich morgens um fünf Uhr von zu Hause fort und kam erst zur zweiten oder dritten Stunde in die Schule, oder ich verschwand nach der großen Pause für den Rest des Vormittags.«* Auch um die Hausarbeiten konnte man herumkommen: *»Das war ziemlich einfach. Gab uns ein Lateinlehrer einen endlosen Abschnitt aus Cäsar auf, so übersetzten wir einfach nicht und entschuldigten uns damit, dass wir am Nachmittag Dienst in der Hitler-Jugend gehabt hätten. Einmal nahm einer von den alten Knackern allen Mut zusammen und protestierte dagegen. Das wurde sofort dem Gruppenführer gemeldet, der zum Rektor ging und dafür sorgte, dass dieser Lehrer entlassen wurde.«* Man konnte den Lehrern und Eltern mit gutem Gewissen ungehorsam sein, indem man dem Scharführer oder der Mädelscharführerin gehorchte. Das HJ-Lager war oft aufregender als das Klassenzimmer oder das Wohnzimmer der Eltern.

Viele fühlten sich auch durch Bewährungs- und Mutproben in ihrem Ehrgeiz angestachelt. So mussten die jüngsten Mitglieder nach einigen Monaten die »Pimpfenprobe« ablegen. Dazu musste man die sechzig Meter in zwölf Sekunden sprinten, mindestens 2,75 Meter weit springen und einen Schlagball 25 Meter weit werfen. Außerdem musste eine anderhalbtägige Fahrt mitgemacht, das Horst-Wessel- und das HJ-Fahnenlied gesungen und die sogenannten »Schwertworte« aufgesagt werden: »Jungvolkjungen sind hart, schweigsam, tapfer und treu. Jungvolkjungen sind Kameraden. Der Jungvolkjungen Höchstes ist die Ehre.«

»Ein Schulkamerad von mir war von einem Fähnleinführer, dem Führer einer Hitlerjugendforma-

Sportveranstaltungen und Wettkämpfe waren ein wesentlicher Bestandteil der nationalsozialistischen Erziehung.

tion, auf offener Straße zusammengeschlagen worden. Was war passiert? Die Hitler-Jugend unserer Kleinstadt zog im Marschtritt durch den Ort, vorweg der Spielmannszug mit Fanfaren und Trommeln, dahinter der Fahnenträger, dann die drei Züge. Mein Schulkamerad, selbst Hitlerjunge, konnte an diesem Tag nicht mitmarschieren, denn seine Mutter war krank, und er musste für sie einkaufen gehen. Bevor er die Straße überquerte, ließ er die braune Kolonne, in der er nur zufällig nicht mitmarschierte, vorbei. Es war Pflicht, die Fahne mit erhobenem Arm zu grüßen. Er vergaß es. Daraufhin rannte der Fähnleinführer aus der Kolonne und streckte den Jungen mit zwei Faustschlägen nieder, sodass er aus Mund und Nase blutete. Kein Wunder, denn der Fähnleinführer war achtzehn Jahre alt, mein Schulkamerad gerade dreizehn und schmächtig.« (Max von der Grün: *Wie war das eigentlich?)*

Andere Pimpfe denken mit Schrecken an ihre vier ersten Jahre in der Hitler-Jugend zurück, etwa Karl-Heinz Janßen: *»Wir waren Hitler-Jungen, Kindersoldaten, längst ehe wir mit zehn Jahren für wert befunden wurden, das Braunhemd zu tragen. Schon vorher waren wir dauernd ›im Einsatz‹. Wir sammelten Altpapier und Altmetalle, suchten Heilkräuter, schwangen fürs Winterhilfswerk die Sammelbüchse, bastelten Spielzeug für Babys, führten zur Erheiterung der Soldatenfrauen politische Spielchen auf (›In England wohnt ein alter Mann, der nie die Wahrheit sagen kann‹), waren aufs ›Dienen‹ vorbereitet, ehe wir als Pimpfe zwei- oder dreimal die Woche und oft auch noch am Sonntag zum ›Dienst‹ befohlen wurden: ›Du bist nichts, dein Volk ist alles!‹*

Wenn andere von der Pimpfenzeit schwärmen (als sei das Ganze nur ein Pfadfinderklub gewesen), so kann ich diese Begeisterung nicht teilen. Ich habe beklemmende Erinnerungen. In unserem Fähnlein bestanden die Jungvolk-Stunden fast nur aus ›Ordnungsdienst‹, das heißt aus sturem militärischen Drill. Auch wenn Sport oder Schießen oder Singen auf dem Plan stand, gab es erst immer ›Ordnungsdienst‹: endloses Exerzieren mit ›Stillgestanden‹, ›Links um‹, ›Rechts um‹, ›Ganze Abteilung – kehrt‹ – Kommandos, die ich noch heute im Schlaf beherrsche. Es ging zu wie auf dem Kasernenhof: Zwölfjährige Hordenführer brüllten zehnjährige Pimpfe zusammen und jagten sie kreuz und quer über Schulhöfe, Wiesen und Sturzäcker. Die kleinsten Aufsässigkeiten, die harmlosesten Mängel an der Uniform, die geringste Verspätung wurden sogleich mit Strafexerzieren geahndet – ohnmächtige Unterführer ließen ihre Wut an uns aus. Aber die Schikane hatte Methode: Uns wurde von Kindesbeinen an Härte und blinder Gehorsam eingeprägt. Auf das Kommando ›Hinlegen‹ hatten wir uns mit bloßen Knien in die Schlacken zu werfen; bei Liegestützen wurde uns die Nase in den Sand gedrückt; wer bei Dauerlauf außer Atem geriet, wurde als ›Schlappschwanz‹ der Lächerlichkeit preisgegeben. Warum haben wir das nur vier Jahre ertragen.«

Gegner der Hitler-Jugend

Es gab auch Jugendliche, die sich gegen den Zwang der Hitler-Jugend auflehnten und sich ihm entzogen, so gut es gerade ging. Es waren vor allem die Jugendorganisationen der Kommunistischen Partei (KPD) und

»Pimpfe« hießen die Mitglieder des Deutschen Jungvolks in der HJ. Zu ihren Pflichten gehörte die Straßensammlung für das »Winterhilfswerk.«

der SPD, die trotz ihres Verbots politischen Widerstand leisteten. Sie versuchten, ihre alten Verbindungen aufrechtzuerhalten, sie druckten Zeitungen in kleiner Auflage oder veranstalteten Wanderfahrten, auf denen sie verbotene Lieder sangen und manchmal ihre alte Kluft anzogen. Doch solche Aktivitäten waren sehr gefährlich, und Mitte der dreißiger Jahre hatte die Geheime Staatspolizei (Gestapo) diese Widerstandsgruppen fast ausnahmslos ausgeschaltet. Auch für die kirchlichen Jugendverbände wurden die Bewegungsspielräume immer enger. Im Juli 1935 wurde der katholischen Jugend von der Gestapo beispielsweise das gemeinsame Wandern und Zelten untersagt, weil so etwas nicht als religiös-kirchliche Betätigung anerkannt wurde. Das endgültige Verbot traf die katholische Jugend dann 1938.

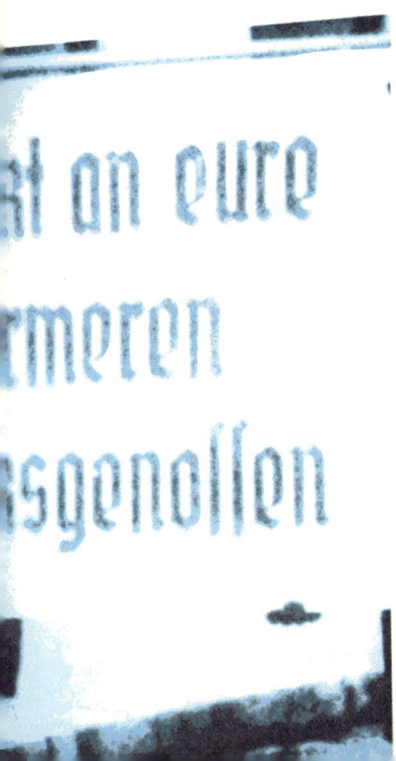

Die Nationalsozialisten konnten zwar alle Jugendorganisationen außer der Hitler-Jugend verbieten, Anteilnahme am Hitlerstaat und an der »Volksgemeinschaft« konnten sie damit aber nicht in allen Fällen wecken. Wo Zwang und Drohung herrschen, kann Begeisterung auch ausbleiben. Warum sollte man etwas gut finden, wenn man dazu gezwungen würde? Seinen Geschmack und seine Freunde lässt sich niemand gerne vorschreiben.

Zumindest einige Jugendliche im Dritten Reich wollten sich die Freiräume schaffen, die ihnen die Hitler-Jugend verweigerte. Vor allem in den Großstädten wie Hamburg bildeten sich Gruppen, die Swing-Musik hörten, betont cool und unkriegerisch auftraten, lange Haare trugen und möglichst viel Englisch miteinander sprachen. Sie »hotteten« nach heißer Swing-Musik und hingen in ihrer Freizeit möglichst lässig herum. Für die Nazis war dieser Stil »undeutsch«, weil er ihren soldatischen Vorbildern widersprach. Deshalb verfolgten sie die Swing-Jugendlichen, ließen viele verhaften und ins Konzentrationslager bringen. Sehr hart wurden auch die sogenannten Edelweißpiraten im Rhein- und Ruhrgebiet verfolgt. Diese Jugendgruppen lieferten sich oft Schlägereien mit HJ-Gruppen. Die Edelweißpiraten trafen sich lieber in Parks und Vororten, ohne lästige Uniform. Einige malten Sprüche wie »Hitler verrecke« an Häuserwände oder verteilten Flugblätter gegen die Nazis; doch vielfach wollten sie nur ihr Revier gegen die HJ verteidigen.

Andere Jugendliche flohen in die Natur. Sie taten sich mit Freunden zusammen, bildeten Cliquen und unternahmen Fahrten aufs Land. Sie übernachteten in Heuschobern oder in Jugendherbergen, um aus der Enge des Hitler-Jugend-Lebens zu entfliehen. Dabei kamen Mädchen und Jungen zusammen, auch das war nach Ansicht der nationalsozialistischer Führer »unsittlich« und gefährlich. Selbst da, wo sich Jugendliche nur amüsieren wollten, witterten die Nazis Verschwörungen und politische Pläne. Die Nazis nannten solche Unternehmungen »wildes Fahrtenwesen« und taten alles, um es zu verhindern.

An den wilden Cliquen störte sie vor allem, dass sie »wild« waren, denn dort, wo etwas wild ist, ist gleichzeitig etwas nicht zahm und unbeherrscht. Der Reichsjugendführer Baldur von Schirach wünschte sich eine Jugend im »Gleichschritt«. Er schrieb: *»Gleichschritt – du darfst nicht so schnell gehen, wie du wohl möchtest; Gleichschritt – du darfst nicht so langsam gehen, wie du wohl möchtest; Gleichschritt – du musst dich richten nach dem Ganzen; Gleichschritt – du darfst nicht allein an dich denken; Gleichschritt – und die Kolonne bleibt zusammen; Gleichschritt – und ihr werdet unbesiegbar sein.«* Gerade die letzten Sätze dieses Programms zeigen, dass die Jugendlichen frühzeitig »kriegstüchtig« gemacht werden sollten. Die HJ bereitete auf den Militärdienst vor und gewöhnte die Jugendlichen früh an Befehl und Gehorsam. Wer auf das Kommando seines HJ-Führers hörte, sollte später auch dem Offizier gehorchen, der das Zeichen zum Angriff gab. Jugendliche, die gegen diese Ziele etwas unternahmen, wurden vom Hitler-Regime rücksichtslos verfolgt. Wer den »Wehrwillen« gefährdete, musste mit allerhärtesten Strafen rechnen. Dabei schreckten die NS-Richter nicht davor zurück, 16- oder 17-jährige Jugendliche zum Tode zu verurteilen.

Hitlers Kinder im Krieg

»Wir sind bereit, für Sie zu leben, zu handeln, und wenn es sein muss, in den Tod zu gehn«, versprach der Reichsjugendführer dem Führer. Als Hitler im September 1939 Polen überfiel und damit den Zweiten Weltkrieg in Gang setzte, ahnten die meisten Jugendlichen in Deutschland kaum, dass dieses Versprechen schon bald blutiger und tödlicher Ernst werden würde. Die militärische Erziehung der Hitler-Jugend hatte Wirkung gezeitigt: Viele Kinder und Jugendliche wollten für Deutschland in den Krieg ziehen und sterben, ohne dass sie genau wussten, was das bedeutete. Die Lieder, die sie wieder und wieder in der Hitler-Jugend hatten singen müssen, verherrlichten den Tod fürs Vaterland: *»Denn mögen wir auch fallen – wie ein Dom steht unser Staat. Ein Volk hat hundert Ernten und geht hundertmal zur Saat. Deutschland, sieh uns, wir weihen dir den Tod als kleinste Tat, grüßt er einst unsere Reihen, werden wir die große Saat.«* Welcher Jugendliche sah sich selbst nicht gern als zukünftigen Helden? In solchen Phantasien war der Krieg noch ein aufregendes Spiel, nur ein Spiel, aus dem man leicht als Sieger hervorgehen konnte.

Die nationalsozialistische Propaganda log, dass Polen den Krieg begonnen hätte. »Da dürfen wir doch zurückschlagen. Das ist doch nur gerecht!«, dachten viele Jugendliche. Ein Hitler-Junge erzählt, was er damals fühlte: *»Nun wollte ich nicht mehr Hitler-Junge werden, sondern Soldat: wie Major Moelders am Steuerknüppel einer Me 109 durch die Lüfte flitzen, wie Günther Prien mit einem U-Boot gen England fahren, wie Guderian auf einem Panzer zum Kanal durchbrechen oder wie Rommel in Afrika vorstoßen. Statt Comicstrips kauften wir uns Groschenhefte voller Kriegserlebnisse – jede Woche ein neues. Die Schrecken des Krieges störten uns Knaben nicht, sie zogen uns an. Dass unsere Väter einberufen wurden, schien nur recht und billig. Und der ›Heldentod‹ gehörte dazu.«*

Hitler wollte, dass seine Jugend »flink wie die Windhunde, zäh wie Leder und hart wie Kruppstahl« werden sollte. Während die Soldaten an der Front standen und kämpften, mussten Jungen und Mädchen an der »Heimatfront« für »Führer, Volk und Vaterland« ihren Dienst tun. Sie alle wurden zum »Kriegseinsatz der Hitler-Jugend« zwangsverpflichtet. Die Jugendlichen mussten auf der Straße Geld für das Win-

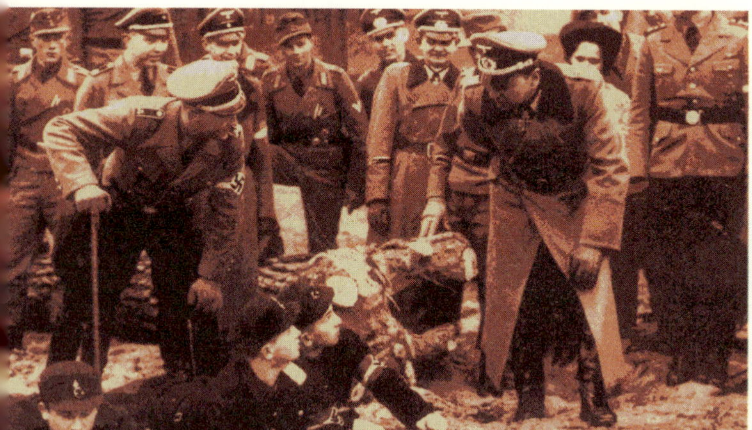

In den letzten Monaten des Krieges mussten auch Jugendliche im »Volkssturm« mitkämpfen. Für diesen oft tödlichen Einsatz wurden sie nur notdürftig ausgebildet.

terhilfswerk sammeln, sie beteiligten sich an Altmaterial- und Altkleidersammlungen und hatten überall der NSDAP und der Wehrmacht zu helfen, wann immer es ihnen befohlen wurde. Die Mädchen halfen auf Säuglingspflegestationen, arbeiteten als Kindergärtnerinnen, betreuten Flüchtlinge und verwundete Soldaten oder schmückten die Gräber der Kriegsgefallenen. Da immer mehr Männer in den Krieg geschickt wurden, sollten die Jugendlichen helfen, den Mangel an Arbeitskräften auszugleichen. Man kommandierte sie in die Rüstungsindustrie und setzte sie als Erntehelfer ein. Ihre millionenfache Arbeitskraft wurde in Hitlers Krieg ohne Bedenken ausgebeutet.

Am 12. März 1945 empfängt Hitler eine Gruppe von kampfbewährten Hitler-Jungen. Einige von ihnen sind gerade 12 Jahre alt.

Doch je länger der Krieg dauerte, desto schrecklicher wurden ihre Erfahrungen und Erlebnisse. Nach den Bombenangriffen der Alliierten auf deutsche Städte mussten sie mithelfen, die Trümmer zu beseitigen. Dabei sahen viele die ersten Toten ihres Lebens. Schrecklich verstümmelte oder verkohlte Leichen, auseinandergerissene Körper. Inzwischen kämpften ihre Väter im Krieg, blieben monate- oder jahrelang fort von zu Hause. Millionen von Familienvätern wurden getötet, verwundet oder seelisch zerstört. Viele kehrten erst nach Jahren aus der Kriegsgefangenschaft zurück und waren dann für die Kinder wie Fremde. Die Familien wurden zunehmend stärker belastet, Kinder lebten und arbeiteten wie Erwachsene. Doch die Schuld gaben die meisten Jugendlichen zunächst den »Feinden des deutschen Volkes« und ihren »Terrorangriffen«. Dass Hitler-Deutschland den Krieg begonnen und das Unglück in die anderen Länder gebracht hatte, begriffen zuerst nur wenige. Wer sich eine eigene Meinung bilden wollte, deshalb ausländische Radiosender hörte und die Nachrichten an Freunde weitergab, begab sich in Lebensgefahr. Mehrere Jugendliche, gerade siebzehn Jahre alt, wurden deshalb vom Volksgerichtshof wegen »Wehrkraftzersetzung« zum Tode verurteilt und hingerichtet.

In den letzten Jahren des Krieges schreckten die Nazis auch nicht davor zurück, Jugendliche zu Soldaten zu machen. Jetzt sollten die 16- und 17-jährigen Jungen beweisen, was sie in der HJ gelernt hatten. Sie wurden als Flakhelfer in einen aussichtslosen Kampf geschickt. Selbst wenige Wochen vor Ende des Krieges wurden noch viele Jugendliche hastig an Gewehren und Panzerfäusten ausgebildet, damit sie im »Volkssturm« kämpfen sollten. Für viele war das der sichere Tod. Nur langsam begriffen die nationalsozialistisch erzogenen Jugendlichen, dass Hitler ihre Begeisterung und ihren Glauben für seine unmenschlichen Ziele ausgenutzt hatte. Es war schwer für sie zu begreifen, dass die Nazis auch ihre Gedanken und Meinungen gefangen genommen und dressiert hatten. Erst nach und nach fanden sie einen Weg aus diesem Gefängnis im Kopf.

Auch das war Alltag im Dritten Reich

Michael zog seine Mutter an der Hand. »Komm, schneller, sonst kriegen wir keine Karten mehr!« Vor dem Marmorhaus, dem großen Kino am Kurfürstendamm, drängten sich die Menschen. Michael war aufgeregt. Alle seine Freunde hatten die Trickfilme schon gesehen, nur er noch nicht. »Micky Maus ist Klasse, musste dir anschaun«, hatten sie gesagt. Diese Maus musste die cleverste und witzigste Maus sein, die es jemals gegeben hat. Eine, die vor turmhohen Riesen keine Angst hat und selbst die gefährlichsten Bösewichte auslacht. »Im Reich der Micky Maus« stand auf einem riesigen Plakat, das über die ganze Fassade des Kinos gespannt war. Endlich hatten sie zwei Karten gelöst. Michael konnte es gar nicht abwarten, in den Saal zu rennen, aber sein Mutter wollte sich unbedingt noch eine Coca-Cola kaufen. Das dauerte vielleicht! Ungeduldig ließ er sich auf seinen Sessel fallen. Vor der Bühne standen große, buntbemalte Mickymäuse aus Pappe, daneben ein geschmückter Weihnachtsbaum. Dann gingen die Lichter aus, der Vorhang öffnete sich, und Micky Maus raste um die Ecke.

Das war der erste Micky Maus-Film, den Michael in seinem Leben gesehen hat. Damals, kurz vor Weihnachten 1934, war er zwölf Jahre alt, und Hitler war in Deutschland schon fast zwei Jahre an der Macht. Was er als Junge über die Nationalsozialisten gedacht hat, weiß er heute nicht mehr, aber an die Micky Maus-Filme im Marmorhaus kann er sich gut erinnern. Wochenlang hat er sich mit seinen Freunden über die Trickfilme von Walt Disney unterhalten, später auch Micky Maus-Hefte getauscht.

Warum könnte es wichtig sein, dass wir uns heute mit Michaels Geschichte befassen? Ich habe von seinem Erlebnis erzählt, weil ich mir das Dritte Reich lange Zeit ganz anders vorgestellt hatte. Auf jeden Fall ohne Micky Maus und Coca Cola. Die Vorstellung, dass die Menschen damals genauso wie wir heute ins Kino, Theater, ins Konzert oder zum Tanzen gegangen sind, um sich zu amüsieren, fiel mir schwer. Was ich über das Dritte Reich gelesen oder im Fernsehen gesehen hatte, zeigte oft andere Bilder: Marschierende Soldaten, Menschen, die mit Begeisterung einer Rede des Führers zuhören, Jugendliche in Reih und Glied, alle in Uniformen, wehende Hakenkreuzfahnen, »Heil Hitler«-Rufe und hochgestreckte Arme. Diese Bilder zeigen jedoch nur eine Seite des Dritten Reichs. Wer wollte schon 24 Stunden am Tag marschieren und dem Führer zuwinken?

Michaels Kinoerlebnisse und seine Erinnerungen daran sind kein Einzelfall. Sie zeigen uns zwei Dinge. Erstens: Die Mehrzahl der Deutschen im Dritten Reich musste sich nicht ständig vor Verfolgung fürchten. Zweitens: Sie hatten keine Lust, sich ununterbrochen von Propaganda berieseln zu lassen. Wer keinen Widerstand leistete, politisch nicht auffiel, sich anzupassen wusste und nicht rassisch verfolgt wurde, musste sich vor dem Terror der Nationalsozialisten zunächst nicht fürchten. Für die breite Mehrheit der Bevölkerung gab es auch zahlreiche Möglichkeiten, sich ins Privatleben zurückzuziehen und sich so zu unterhalten und zu vergnügen, wie man es auch vor 1933 getan hatte. Die Nazis hatten zwar den Anspruch, die Gesellschaft total zu verändern, die »Volksgenossen« in ihrem Sinn zu erziehen und ihr Handeln und Denken zu steuern; tatsächlich aber konnten sie diese Ziele nur teilweise durchsetzen. Das wirkliche Alltagsleben in Deutschland sah oft anders aus, als von ihnen gefordert.

»Du bist nichts – dein Volk ist alles!« Durch solche Parolen wurden die Deutschen aufgefordert, sich in die »Volksgemeinschaft« einzugliedern. Niemand sollte sich etwas einbilden auf den Beruf, den er ausübte, auf seine Religion, seine Herkunft oder seinen Besitz. All diese Unterschiede, die die Menschen trennen, müsse der »Volksgenosse« für die »Volksgemeinschaft« zurückstellen. Die »Volksgemeinschaft« sollte gehorsam, treu, kriegerisch, stolz auf ihr »gutes Blut«, hart und begeisterungsfähig sein. Nur mit so einem Volk könne man große Politik machen, sagte Hitler, und Politik bedeutete für ihn Krieg. Aber wie erzieht man ein Volk zu solchen Zielen? Einige Naziführer meinten, in Deutschland sei fortan nur noch der Schlaf Privatsache. Die intelligenteren unter ihnen hatten aber begriffen, dass man ein Volk nicht allein durch pausenlose Propaganda und die Androhung von Gewalt gewinnen könne. Ihre Einsicht war einfach, aber wirkungsvoll: Nur wenn wir den Menschen das Gefühl geben, dass sie im Dritten Reich auch ein normales Leben führen können, werden sie uns die Treue halten. Und noch etwas hatten diese Naziführer erkannt: Man konnte zwar vieles, was die Menschen lesen, hören oder sehen wollten, kontrollieren, aber man konnte nicht alle Zeitungen, Bücher, Theaterstücke, Bilder und Filme austauschen, wenn man nicht etwas anderes dafür anbot. Und da die Nazis auf den Gebieten der Kunst, der Kultur und der Unterhaltung nichts Neues und Eigenes anzubieten hatten, mussten sie auf das zurückgreifen, was vor ihnen schon da gewesen war.

Und was läuft im Kino?

Dem Propagandaminister Goebbels waren diese Probleme sehr bewusst. Als Präsident der Reichskulturkammer (RKK), die die Aufgabe hatte, die gesamte deutsche Kultur zu überwachen, war er der höchste Aufpasser über die Medien. Die verschiedenen Abteilungen der Reichskulturkammer kümmerten sich um die Presse, die Schriftsteller, die Theater, den Rundfunk, die Musiker, Maler und Bildhauer und nicht zuletzt um die Produktion von Spielfilmen. Kinofilme und Theaterstücke, die aufdringlich für den Nationalsozialismus Werbung machten,

Propagandafilme wie *SA-Mann Brand* (1933) waren beim Publikum nicht sehr beliebt. Die Menschen sahen lieber unpolitische Komödien und Musikfilme. Die Nazis ließen deshalb hauptsächlich Unterhaltungsfilme produzieren, um die Menschen abzulenken.

Hans Albers, der beliebteste Kinostar im Dritten Reich, spielte die Hauptrolle in dem aufwendigen Abenteuerfilm *Münchhausen* (1943).

langweilten das Publikum und hatten keinen Erfolg. Als 1933 einige Nazifilme in die Kinos kamen, die plump die SA *(SA-Mann Brand)* oder die Hitler-Jugend *(Hitlerjunge Quex)* verherrlichen wollten, waren weder der Minister noch das Publikum begeistert. »Wir Nationalsozialisten legen an sich keinen gesteigerten Wert darauf, dass unsere SA über die Bühne oder über die Leinwand marschiert. Ihr Gebiet ist die Straße.« Damit hatte Goebbels offen zugegeben, dass Propagandafilme im Kino die Zuschauer eher abschrecken als unterhalten. Für die Belehrung und Werbung im nationalsozialistischen Sinne waren im Kino die Wochenschauen zuständig. Diese Nachrichtenfilme liefen direkt vor den Spielfilmen. Sie zeigten und lobten die Leistungen Hitlers und der Partei in höchsten Tönen und – später im Krieg – feierten die Erfolge der Wehrmacht. Danach aber kamen die Spielfilme, in denen die Politik fast nie eine Rolle spielte. Komödien, Liebesfilme, Tanz- und Abenteuerfilme waren Trumpf. Das Publikum liebte die Stars, die es vor 1933 auch schon geliebt hatte: Hans Albers war der wagemutige Abenteurer, Heinz Rühmann spielte den fröhlichen kleinen Mann, Zarah Leander war für traurige Liebesfilme zuständig, und Willy Fritsch und Lilian Harvey waren ein Liebespaar, das immer ein Happy End garantierte. Dass viele beliebte Schauspieler auswandern mussten, weil sie Juden waren, schien die meisten Zuschauer nicht zu stören. Die Kinos verzeichneten immer höhere Rekordzahlen. Im Kriegsjahr 1942 gingen über eine Milliarde Zuschauer in die deutschen Kinos. Heutzutage dagegen zählt man kaum 200 Millionen Zuschauer im Jahr. Und es waren keinesfalls nur deutsche Filme, die die Zuschauer in diesen Jahren zu sehen bekamen. Man lachte über Buster Keaton, Stan Laurel und Oliver Hardy als Dick und Doof und freute sich über Clark Gable, Greta Garbo oder Joan Crawford. Erst nachdem sich Deutschland seit 1941 im Krieg mit Amerika befand, sah man diese Hollywood-Schauspieler nicht mehr in den Kinos des Dritten Reichs.

Theater, Literatur und Presse

Auch die Theater boten dem Publikum überwiegend Autoren und Stoffe an, die nichts mit dem nationalsozialistischen Alltag zu tun hatten. Man spielte vor allem diejenigen Unterhaltungsstücke und Klassiker, die auch schon vor 1933 die Spielpläne bestimmt hatten. Man zeigte Dramen von Goethe, Schiller, Kleist, Shakespeare oder Lessing, aber auch von Gerhart Hauptmann, der ein berühmter Dichter der Weimarer Republik war. Verboten wurden jedoch die Stücke von linken Autoren wie Bertolt Brecht oder jüdischen Autoren wie Franz Werfel. Propagandastücke oder Stücke, die gegen Juden hetzten, hatten nur wenig Erfolg beim Publikum. Die meisten Deutschen wollten im Theater nicht politisch belehrt, sondern unterhalten werden.

Abwechslung von den nationalsozialistischen Schlagworten und Ideen konnte man auch auf dem Gebiet der Literatur entdecken. So gab es zum Beispiel in den Buchhandlungen zahlreiche ausländische Romane zu kaufen. Gerade die amerikanischen Bestseller wurden auch in Deutschland regelrecht verschlungen. Bücher von William Faulkner oder Ernest Hemingway fanden begeisterte Leser und noch höhere Auflagen erzielte Margaret Mitchells Roman »Vom Winde verweht«. Französische Autoren wie Saint-Exupéry wurden übersetzt, und bis zum Beginn des Krieges mit England gehörten englische Kriminalromane ebenfalls zur Lieblingslektüre der Deutschen. Nicht erscheinen durften dagegen die Werke von Schriftstellern, die vor den

Nazis geflohenen waren und jetzt im Ausland ihre Bücher veröffentlichten. Auch die Bücher von jüdischen Autoren waren verboten. Streng überwacht wurden die öffentlichen Büchereien. Hier gab es »Schwarze Listen«, auf denen genau verzeichnet war, welche Titel nicht mehr in den Regalen stehen durften. In vielen Buchhandlungen jedoch konnte man noch immer Bücher bestellen, die längst aus allen Bibliotheken entfernt worden waren.

Wer im Dritten Reich nach Informationen und Meinungen suchte, die nicht kontrolliert wurden, konnte an den Zeitungskiosken fündig werden. Die deutsche Presse unterstand zwar einer strengen Zensur, aber bis zum Anfang des Krieges waren fast alle wichtigen ausländischen Zeitungen in Deutschland erhältlich.

Helden des Sports

Sehr beliebt waren auch Sportstars, deren Ruhm seit den zwanziger Jahren mehr und mehr gewachsen war. Die Naziherrscher ließen keine Gelegenheit aus, die Erfolge der Sportler für sich auszunutzen. Am 19. Juni 1936 schlug der deutsche Boxer Max Schmeling den farbigen Amerikaner Joe Louis in der zwölften Runde k. o. Ein sensationeller Sieg. Schmeling hatte den besten Boxer der Welt, den damals viele für unbesiegbar hielten, geschlagen. Dieser Triumph sei, so drückte es die nationalsozialistische Propaganda aus, ein Zeichen für die Überlegenheit der nordisch-germanischen Rasse.

Am 19. Juni 1936 besiegte Max Schmeling seinen Gegner Joe Louis durch k.o. Die nationalsozialistische Propaganda feierte den Sieg als Beweis für die Überlegenheit der »nordisch-germanischen Rasse«.

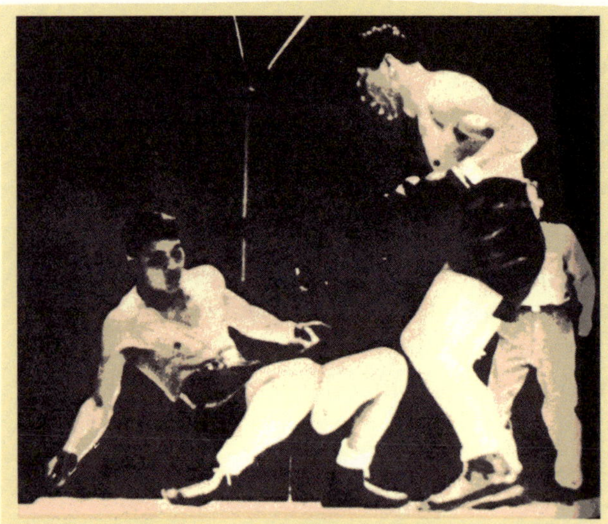

Ebenso berühmt waren

im Dritten Reich deutsche Rennfahrer wie Caracciola oder Rosemeyer. Auf Wunsch des Führers fuhren die Stars zur Eröffnung der Automobilausstellung 1937 mit ihren Wagen vor seine Reichskanzlei, wo sie werbewirksam mit ihm fotografiert wurden. Dann ließen sie ihre Motoren aufheulen und fuhren durch Berlin zur Ausstellungshalle. Dieses Spektakel feierte die Technik der Rennwagen und den Mut ihrer Fahrer. Mit diesen Vorbildern, von denen die deutsche Jugend lernen sollte, schmückte sich die Naziführung gerne.

Gottfried von Cramm, der populärste deutsche Tennisspieler vor dem Zweiten Weltkrieg, bereitete ihnen jedoch Probleme. Der Champion galt als politisch unzuverlässig und zeigte den Nationalsozialisten deutlich, dass er sie nicht mochte. Die Gestapo verhaftete ihn 1938, verhörte ihn mehrmals, musste ihn dann aber wieder freilassen. Die Nazis waren in der Regel bemüht, solche Vorfälle zu vermeiden, um das Ansehen ihres Staates nicht zu beschädigen. Besser war es, wenn man die Stars als Aushängeschilder des Nationalsozialismus gegenüber dem Ausland vorzeigen konnte. Außerdem glaubte man, die Sportbegeisterung der Fans auch in andere Bahnen lenken zu können. Wenn jemand auf einen deutschen Boxer stolz war, musste er doch auch auf die deutsche Nation und den neuen Staat stolz sein. Und da, wo das Publikum die großen Sportstars hochleben ließ, sollte es auch dem Führer zujubeln. Das würde der ganzen Welt zeigen, wie sehr die Deutschen ihre neue Führung verehrten.

Um der Weltöffentlichkeit zu zeigen, wie mächtig und doch friedlich man war, machten die Nazis aus der Olympiade 1936 in Berlin eine bombastische Showveranstaltung. Geld und Aufwand spielten dabei keine Rolle. Während der Olympiade hielten die Nazis ihren Judenhass zurück, damit das Ausland nicht misstrauisch würde. Judenfeindliche Schilder wurden abgeschraubt,und man bemühte sich, zwei jüdische Sportler in die deutsche Mannschaft einzuladen. Hinter den Kulissen wurden jedoch bereits neue judenfeindliche Aktionen geplant. Hitler nutzte inzwischen die Gelegenheit, sich dem Ausland als beliebter Staatsmann zu zeigen, der als Politiker Vertrauen verdiente. Schließlich war Hitlers Triumph perfekt: Die deutsche Mannschaft gewann 89 Medaillen, mehr als jedes andere Land. Und was noch viel wichtiger war: Das ausländische Misstrauen gegen die nationalsozialistische Regierung hatte stark abgenommen. Die Zahl der Besucher aus dem Ausland nahm jetzt deutlich zu. Selbst amerikanische Touristen wollten immer häufiger »Deutschland mit seinen herrlichen Naturschönheiten« bereisen.

Urlaub, Freizeit und Erholung

Und auch die Deutschen sollten reisen und Urlaub machen. Für die Erholung und die Entspannung der »schaffenden Volksgenossen« war die Organisation »Kraft durch Freude« (KdF) zuständig. Als sie gegründet wurde, sagte Hitler: *»Ich will, dass dem deutschen Arbeiter ein ausreichender Urlaub gewährt wird. Ich wünsche dies, weil ich ein nervenstarkes*

Volk will, denn nur mit einem Volk, das seine Nerven behält, kann man wahrhaft große Politik machen.« Aus diesen Sätzen kann man heute Hitlers wirkliche Absichten heraushören. Wozu braucht man ein »nervenstarkes Volk«? Wann spricht man davon, dass jemand starke Nerven benötigt?

Für die Deutschen bedeutete diese Ankündigung erst einmal, dass ihre Urlaubszeit stieg, und das war unbestritten ein Fortschritt. 1933 betrug die geregelte Urlaubszeit der Deutschen im Durchschnitt drei Tage, jetzt stieg sie auf sechs bis zwölf Tage im Jahr an. Die »KdF«-Urlaubsangebote waren zahlreich und meistens preiswert: Man organisierte Skireisen, Wanderfahrten, Badeurlaube an der Nord- und Ostsee, Wochenendfahrten in den Bayerischen Wald oder an den Chiemsee. Sehr beliebt waren auch die Kreuzfahrten mit der »weißen Flotte des Friedens«. Es gab Schiffe, die regelmäßig Mallorca anliefen, nach Norwegen oder sogar nach New York fuhren oder zu Silvester Madeira ansteuerten.

Viele Arbeiter und Angestellte konnten sich Mitte der dreißiger Jahre das erste Mal in ihrem Leben einen Urlaub leisten. Die meisten »KdF«-Urlauber blieben zwar politisch uninteressiert, dennoch waren sie dem Staat dankbar, der ihnen die Möglichkeit gab, etwas Einmali-

Eine Menschenmenge bei den Olympischen Spielen 1936.

ges und ganz Neues zu erleben. Und die Aktivitäten der »KdF«-Organisation beschränkten sich keinesfalls nur auf Urlaubsreisen. Der Besuch von Theateraufführungen, Konzerten oder Museen wurde angeboten, und das »KdF«-Sportamt kümmerte sich um den Betriebssport. Ein anderes »KdF«-Amt, »Schönheit der Arbeit«, setzte sich für die bessere Belüftung und Beleuchtung am Arbeitsplatz ein, und durch Blumenschmuck oder neues Essgeschirr sollten die Kantinen in den Betrieben verschönert werden. Ihre politischen Rechte hatte man den Arbeitnehmern zwar geraubt, dafür betreute man sie rund um die Uhr.

Jetzt gönnen wir uns mal was!

Wer einen sicheren Arbeitsplatz hat und vom beruflichen Aufstieg träumt, der entwickelt auch Wünsche, die man mit Geld befriedigen kann. Man spart für Radio, Kühlschrank, Fernseher, Waschmaschine, Auto oder Eigenheim. Und wer hart arbeitet, möchte sich wenigstens

Die Organisation »Kraft durch Freude« (KdF) organisierte Urlaubsfahrten im In- und Ausland.

die Lebensmittel leisten können, die ihm schmecken. Bekommt man all diese Dinge nicht, weil es sie nicht zu kaufen gibt, wird man unzufrieden mit dem Staat, in dem man lebt.

Den Nationalsozialisten war völlig klar, dass sie die Konsumwünsche der Bevölkerung erfüllen mussten, wenn sie ihre Herrschaft dauerhaft sichern wollten. Deshalb wollte die Diktatur die Bevölkerung mit einem breiten Angebot an Gütern und Waren an sich binden. Man förderte den Bau von Eigenheimen, man warb für Fotoapparate, Radios, Küchengeräte wie Kaffeemaschinen, Elektrokühlschränke. Sogar Fernseher sollten schon bald für viele erschwinglich sein. Zwar wurde seit 1935 ein Fernsehprogramm regelmäßig ausgestrahlt, doch mehr als einige Hundert Fernseher hat es im Dritten Reich nie gegeben. Der Krieg verhinderte die Produktion des »Volks-Fernseh-Empfängers«, den man 1939 auf den Markt bringen wollte. Mit großer Energie und lauter Propaganda setzten sich die Nationalsozialisten auch für den Bau eines »Volkswagens« ein. Endlich – so versprach man – sollten sich nicht nur reiche Leute ein Auto leisten können. Um die Produktion des Wagens zu finanzieren, legten die zukünftigen Käufer Sparguthaben an, die sie dann zum Kauf des Wagens berechtigen sollten. Doch auf ihr Auto warteten die Sparer vergeblich. Der Krieg verhinderte die Produktion des Volkswagens. Das eingezahlte Geld war verloren.

Viele Menschen wollten ein »KdF«-Auto und zahlten deshalb jede Woche 5 Mark ein. Keiner der Sparer erhielt sein Auto, weil die Autofabrik während des Krieges nur Militärfahrzeuge herstellte. Das eingezahlte Geld war verloren.

Rückzug ins Privatleben

Die Nazis konnten den Anspruch, das Privatleben ihrer Bürger bis in den letzten Winkel zu regeln und zu gestalten, nicht einlösen. Viele Menschen zogen sich mehr und mehr aus der verordneten Volksgemeinschaft ins Private zurück. Sie nutzten zwar die Freizeitangebote, die das Regime so zahlreich machte, lehnten aber die politische Belehrung, die oft mit diesen Angeboten verbunden waren, ab. Der »Volksempfänger«, ein billiges Radio, das die Nazis in Serienproduktion hatten herstellen lassen, damit jeder die Reden des Führers auch zu Hause hören konnte, diente zunehmend der unpolitischen Freizeitunterhaltung. Man schaltete das Radio ab, wenn der Führer sprach und schaltete erst dann wieder ein, wenn leichte Tanz- oder Schlagermusik gebracht wurde. Durch diesen Rückzug ins Private lösten sich viele Menschen von Hitlers Herrschaft. Auf der anderen Seite stärkte dieses Verhalten jedoch auch die Diktatur. Wer sich mit seinem kleinen Wohlstand zufrieden gab und sein Glück im familiären Alltag fand, hatte zumeist keinen Grund, an Widerstand zu denken. Die Gegner des Regimes verschwanden indessen hinter den Kulissen eines »normalen« Alltags. Wer nicht sehen wollte, dass andere Menschen verfolgt und ermordet wurden, konnte lange Zeit darüber hinwegsehen. Gegen Ende des Krieges zeigte sich die Gewalt im Dritten Reichs immer offener. Häftlingszüge wurden durch die Straßen getrieben, Soldaten, die fliehen und nicht mehr kämpfen wollten, wurden in aller Öffentlichkeit erschossen oder aufgehängt. Jetzt konnte niemand mehr die Augen vor dem Terror der Nazis verschließen und sich mit seinem »normalen« Alltag täuschen und beruhigen.

Vom Rassenwahn zum Holocaust

Judenhass war von Anfang an fester Bestandteil von Hitlers Denken. Er hat nie einen Zweifel gelassen, dass die Juden von ihm und seinen Anhängern Schreckliches zu erwarten hatten. Für ihn waren die Juden verantwortlich für die deutsche Niederlage im Ersten Weltkrieg, und obwohl sie Deutsche waren, sah er sie als Feinde des deutschen Volkes. Mit solch einfachen Botschaften und Feindbildern hatte die NSDAP in der Weimarer Republik viele Stimmen gewonnen. Hitler verrannte sich später immer stärker in die Idee, dass die Juden für alles Unglück und Böse in der Welt verantwortlich seien, und er deshalb auserwählt sei, die Menschheit von den Juden zu befreien. Daher machte er es sich zum Ziel, die Juden in Deutschland und Europa auszurotten.

Fühlten sich die Menschen von diesem mörderischen Judenhass (Antisemitismus) damals nicht abgestoßen? Was machte diesen Mann und sein Programm anziehend? Im Mittelpunkt seiner Weltanschauung stand seine Rassenlehre, mit der er glaubte, auf alle schwierigen Fragen einfache Antworten geben zu können. Hitler war der größte Schwarzweißmaler, den es in der Weltgeschichte bisher gegeben hat. Für ihn gab es nur stark oder schwach, deutsch oder undeutsch, lebenswert oder lebensunwert. Diese starren Gegensätzen bestimmten auch den Aufbau seiner Rassenlehre, die im Grunde genommen sein ganzes Programm enthielt. Dabei war diese Rassenlehre keinesfalls Hitlers Erfindung. Ende des 19. Jahrhunderts gab es eine Vielzahl von pseudowissenschaftlichen Schriften und Autoren, die einen aggressiven Antisemitismus und rassistische Modelle verbreiteten. Einige dieser Schriften, die zu regelrechten Bestsellern wurden, waren die Vorbilder für Hitlers Rassenlehre.

Das Bild zeigt eine judenfeindliche Großveranstaltung am 15. August 1935 im Berliner Sportpalast.

Danach teilte er die Menschheit in höherwertige und minderwertige Rassen ein. An der Spitze stünde die nordische Rasse der »Arier«, deren Rassenmerkmale sich am reinsten im deutschen Volk bewahrt hätten. Diese Rasse zeichnete sich, nach Hitlers Ansicht, äußerlich durch besondere Schönheit, hohen Wuchs, blaue Augen und blonde Haare aus. Sie seien außerdem tapfer, heldenmutig, hart und opferbereit. Ganz unten in diesem Rassenmodell standen die Juden. Die Juden seien nicht einfach eine Religionsgemeinschaft, sondern eine minderwertige Rasse, die keine eigene Kultur besitze. Schlimmer noch, weil die Juden keine eigene Kultur hätten, zerstörten sie auch die kulturellen Leistungen der anderen Völker. Sie würden sich wie »Blutsauger«, »Parasiten« und »Vampire« am Blut der anderen Völker satt trinken und diese durch ihre unersättliche Gier zugrunde richten.

Hitler glaubte, alle Rassen befänden sich in einem ununterbrochenen Kampf ums Überleben. Dabei hätten die stärkeren Rassen das Recht und sogar die Pflicht, die schwächeren zu vernichten, um die Höherentwicklung der Menschheit zu garantieren. Sich selbst sah

Hitler in der Rolle des Arztes und Menschenzüchters, der für die Gesundheit und Reinheit der deutschen Rasse zuständig war. Deshalb verglich er die Juden häufig mit Krankheitserregern, mit Insekten oder Schädlingen, die man ausrotten müsse.

Aus diesen rassistischen Überlegungen ergaben sich für Hitler zwei weitere Ziele, die seine Weltanschauung vervollständigten: Die Vernichtung des Kommunismus und die Eroberung von »Lebensraum« für die deutsche Rasse im Osten. Da die Juden Ideen wie Demokratie, Kommunismus, Völkerverständigung und Weltfrieden nur erfunden hätten, um die starken Völker zu schwächen, müsste man auch diese verderblichen Ideen beseitigen, um im »Überlebenskampf« siegen zu können. Diese Pläne waren gegen die Sowjetunion gerichtet, die nach Hitlers Vorstellung bereits ein Opfer der »jüdischen Weltverschwörung« geworden war. Er schlussfolgerte, dass man das Überleben der arischen Rasse nur sicherstellen könne, wenn man ihr neuen Lebensraum im Osten beschaffe und gleichzeitig die dort lebenden Juden und Kommunisten umbringen würde. Den Krieg gegen die Sowjetunion und die Ermordung der Juden betrachtete Hitler somit als berechtigte Notwehr.

Die lange Geschichte des Judenhasses

Die Wurzeln des Judenhasses reichen tief in die Geschichte zurück. Nur weil der Antisemitismus in ganz Europa eine lange Tradition hat, hielt man Hitler nicht für einen Spinner. Schon die frühen Christen misstrauten den Juden, weil sie sie für die Mörder von Jesus hielten. Auch dass sie sich nicht zum Christentum bekehren lassen wollten, rief Ablehnung und Feindschaft hervor. Im Mittelalter kam es dann häufig zu Pogromen, wie man mörderische Ausschreitungen gegen jüdische Gemeinden nennt. So begingen die Kreuzzugsritter auf der Reise ins Heilige Land ganz unheilige Verbrechen gegen die Juden. Wer sich nicht taufen lassen wollte, wurde grausam umgebracht. Im Mittelalter fing das einfache Volk an zu glauben, dass die Juden Brunnen vergifteten und Kinder umbrächten. Auch die Pest, die in Europa Millionen von Menschen das Leben kostete, sollte schließlich ihr Werk gewesen sein.

Immer wieder kam es im Lauf der Jahrhunderte zu gewalttätigen Aktionen gegen die Juden in Europa. Man erließ Gesetze, die ihren Alltag genau regelten, sie mussten besondere Kleidung tragen, man verbot ihnen bestimmte Berufe, man vertrieb sie aus ihrer Heimat, man plünderte ihren Besitz, zündete ihre Gebetshäuser an und sperrte sie in abgegrenzte Stadtviertel, die Gettos, damit sie nicht mit den christlichen Bewohnern in Berührung kämen. Überall, wo man sich die Ursachen für Unglück, Tod oder Krankheit nicht erklären konnte, gab man den Juden die Schuld. Da sie fast immer eine wehrlose Minderheit bildeten, war es einfach, sie zu Sündenböcken zu stempeln. Angefeindet wurden die Juden aber auch, weil sie mit dem Verleih von Geld Geschäfte machen konnten, während den Christen Zinsgeschäfte verboten waren. Deshalb drängten sie die Juden in diesen Beruf und bedienten sich gerne ihrer Dienste. Obwohl es nur sehr wenige Juden gab, die es mit Geldgeschäften wirklich zu Reichtum brachten, entstanden bald Vorurteile wie »Alle Juden sind reich«.

Die Judenfeindlichkeit hat also eine lange Tradition. Aber erst im 19. Jahrhundert entwickelte eine Reihe von Rassentheoretikern den Gedanken, dass man die »rassisch minderwertigen« Juden »ausmerzen« müsse, um die »höherwertigen« Rassen zu schützen. In Deutschland gewann diese Lehre nach dem Ersten Weltkrieg besonders viele Anhänger, weil sehr viele Menschen für ihre Not und das nationale Unglück Schuldige suchten. Viele Deutsche machten es sich leicht, indem sie die Juden für die militärische Niederlage, den Versailler Vertrag, die wirtschaftliche Not und die eigene Arbeitslosigkeit verantwortlich machten. Aus dieser weitverbreiteten judenfeindlichen Stimmung zogen Hitler und die Nationalsozialisten das meiste Kapital. Die Wähler der NSDAP schätzten die leicht zu verstehende Botschaft der Partei: Wenn erst einmal die Juden beseitigt sind, dann geht es wieder aufwärts!

Ausgrenzung und Verfolgung

Als die Nationalsozialisten am 30. Januar 1933 an die Macht kamen, lebten im Deutschen Reich etwas mehr als eine halbe Million Juden. Wie die Katholiken oder die Protestanten auch verstanden sie sich als Religionsgemeinschaft. Da sie nur 0,76 Prozent der Gesamtbevölkerung ausmachten, bildeten sie lediglich eine religiöse Minderheit. Die meisten von ihnen hielten, wie viele Christen auch, nur äußerlich an ihrem Glauben fest.

Da man den Juden im Laufe der Jahrhunderte wieder und wieder bestimmte Tätigkeiten verboten oder aber vorgeschrieben hatte, waren sie in einigen Berufsgruppen überdurchschnittlich vertreten. Das war ein Umstand, für den die Juden am allerwenigsten konnten, trotzdem bildete er oft Anlass für Neid und Hass. So gab es sehr viele jüdische Ärzte, Rechtsanwälte, Makler, Bankiers, Architekten und Hochschuldozenten. Auch im Bereich der Wissenschaft und Kunst hatten jüdische Deutsche der Weimarer Republik durch ihre Leistungen zu großem Ansehen in der ganzen Welt verholfen. Der berühmte Physiker Albert Einstein erhielt 1921 den Nobelpreis. Hervorragende Theaterregisseure wie Max Reinhardt, Architekten wie Erich Mendelssohn, Komponisten wie Kurt Weill oder populäre Opernsänger wie Richard Tauber prägten das kulturelle Leben der Republik außerordentlich stark.

Sehr viele Juden waren sehr stolz auf ihre Heimat. Deshalb waren sie fassungslos und entsetzt, als sie als »feige Vaterlandsverräter« beschimpft wurden. Zu ihrer Verteidigung wiesen viele jüdischen Organisationen immer wieder darauf hin, dass im Ersten Weltkrieg 35 000 jüdische Soldaten ausgezeichnet und 12 000 für ihr Land gefallen waren. Diese Wahrheit schmeckte den Nationalsozialisten nicht, weil sie nicht zu den Feindbildern und Lügen passte, mit denen die Juden aus der Gesellschaft ausgegrenzt werden sollten. Bereits in der Weimarer Republik hatten sich die jüdischen Bürger gegen antijüdische Hetze gewehrt, mit der die Nazis an die Macht gekommen waren. Auf dem Plakat einer jüdischen Vereinigung konnte man in München lesen: *»Die Juden sollen an allem schuld sein, so tönt es heute aus hinterhältig ver-*

teilten Flugblättern. Wir Juden sollen schuld sein, dass der Krieg kam, aber in der Regierung und Diplomatie, in der Rüstungsindustrie und im Generalstab saßen keine Juden. Wir lehnen es ab, die Sündenböcke abzugeben für alle Schlechtigkeit der Welt.«

Die Judenfeindlichkeit in Europa und Deutschland reichte tief in die Geschichte zurück. Trotzdem konnten sich die wenigsten vorstellen, dass Hitler seine radikale Rassenlehre in die Tat umsetzen würde. Doch schon kurz nach der Machtübernahme wurden jüdische Bürger angegriffen. Ein Junge aus einer jüdischen Familie erzählt, wie es seinem Vater erging: *»1933 kamen SA-Leute und holten meinen Vater ab. Er wurde zusammen mit vielen anderen Juden zu einem großen Stadion gebracht, wo es viel Gras gab, und dort mussten sie das Gras mit den Zähnen abreißen und sozusagen essen ... Man wollte sie damit demütigen, ihnen zeigen, dass sie die Niedrigsten der Niedrigen waren.«* Und noch schlimmere Dinge geschahen: SA-Trupps überfielen jüdische Geschäfte und folterten oder töteten die Inhaber. Der niederbayerische Regierungspräsident schildert hier nur einen von vielen ähnlichen Vorfällen: *»Früh gegen 6 Uhr erschienen in einem Kraftwagen mehrere Männer in dunkler Uniform vor der Wohnung des israelitischen Güterhändlers Otto Selz in Straubing. Selz wurde von ihnen in Nachtkleidern aus der Wohnung geholt und in einem Kraftwagen entführt. Etwa um 9.30 Uhr wurde Selz in einem Wald erschossen aufgefunden. Mehrere Landleute wollen bei einigen Insassen des Wagens die rote Armbinde mit dem Hakenkreuz bemerkt haben.«*

Solche Verbrechen riefen natürlich weltweit Abscheu und Protest hervor, doch Hitler und Goebbels behaupteten, alles sei bloß vom »internationalen Judentum« erfunden und erlogen. Zur Vergeltung für diese »Gräuelpropaganda« riefen sie für den 1. April 1933 zu einem Boykott aller jüdischen Geschäfte auf. An diesem Tag postierten sich vor jedem jüdischen Laden und Kaufhaus SA-Männer in braunen Uniformen. Sie hinderten Passanten am Zutritt und beschimpfen diejenigen, die sich vom gewohnten Einkauf nicht abhielten ließen. Auf die Schaufenster klebten sie Plakate, auf denen man Parolen wie »Deutsche! Wehrt Euch! Kauft nicht bei Juden« oder »Wer beim Juden kauft, ist ein Volksverräter« lesen konnte.

Zwar gab es kaum Deutsche, die ihren jüdischen Mitbürgern in dieser Situation aktiv geholfen hätten, ein Erfolg war der Boykott für die Nationalsozialisten dennoch nicht. Der Großteil der Bevölkerung blieb gleichgültig, hatte Mitleid oder reagierte mit Unverständnis auf diese Maßnahme. Deshalb beeilten sich die Nazis, andere Wege zu finden, um den Juden das Leben in Deutschland unmöglich zu machen.

Am 1. April 1933 organisierte die NSDAP einen Boykott gegen jüdische Geschäfte. SA- und SS-Trupps hinderten Passanten daran, diese Läden zu betreten. Der Boykott wurde am 3. April abgebrochen.

»An den Tag der Machtübernahme Hitlers, den 30. Januar 1933, habe ich keine direkte Erinnerung. Dagegen sehe ich noch heute die beiden Männer vor mir, die am 1. April 1933, dem Tage des Boykotts gegen jüdische Geschäfte, Anwälte und Ärzte, vor unserem Haus in Hohenschönhausen standen. Sie trugen Plakate mit der Aufschrift ›Deutsche, wehrt euch, kauft nicht bei Juden‹ und notierten alle, die das Haus betraten. Ich erkannte sie wieder als Mandanten meines Vaters und wusste, dass er ihnen geholfen hatte. Nach dem Boykott hatte es keiner in Hohenschönhausen mehr gewagt, zu meinem Vater in die Praxis zu gehen. Er hoffte, dass seine alten Mandanten ihn in der Schönhauser Allee aufsuchen würden, aber es kam niemand. Mein Vater saß in dem Zimmer, das er als Büro eingerichtet hatte, und löste Kreuzworträtsel, bis er auch das aufgab. Er starb am 25. Mai 1937 an einer Venenentzündung im Alter von 57 Jahren. Ich wurde im Krankenhaus an seine Leiche geführt, sein Gesicht war sehr blass, aber friedlich. In dem Raum, in dem meine Mutter und ich auf den Totenschein warteten, hing ein großes Hitlerbild. Ich dachte daran, dass dieser Mann daran schuld war, dass ich meinen Vater so früh verloren hatte. Nach dem Tod meines Vaters verlor ich das Interesse am Unterricht; nicht nur die Schule, das Leben überhaupt empfand ich als sinnlos, bis ich begann, mir auf meinen Wanderungen und Fahrten durch Berlin Geschichten auszudenken, die die Wirklichkeit ausklammerten. Ich lernte boxen, in einem jüdischen Jugendclub, um mich verteidigen zu können, und auf dem Weg zum und vom Ort des Trainings erfand ich Kriminalgeschichten, in denen ich der Held war und die Feinde besiegte, die mir auflauerten.« (Erwin Leiser: *Gott hat kein Kleingeld)*

Nach Hitlers Rassenlehre waren die Juden »Artfremde«, die man Zug um Zug aus der deutschen Gesellschaft hinauswerfen müsste. Zu diesem Zweck erließen die Nationalsozialisten bis 1941 über 2 000 Gesetze und Verordnungen, die die Juden rechtlos machten und sie zur Auswanderung zwingen sollten. Da der antijüdische Boykott im April nur Unruhe in der Bevölkerung und Protest im Ausland erregt hatte, wollte man jetzt klüger vorgehen: Deshalb arbeitete man mit Gesetzen, die lautloser funktionierten. Gesetze stehen nicht wie SA-Männer vor Türen, sie prügeln nicht, sie pöbeln nicht, und trotzdem können sie äußerst gewalttätig sein. Gerade in einer Diktatur fürchten sich die Menschen vor ihnen, weil schon ein geringer Verstoß die allerschlimmsten Strafen nach sich ziehen kann. Gesetze arbeiten auch deshalb lautlos, weil sie selbst dann noch harmlos klingen können, wenn sich hinter ihnen schweres Unrecht und Terror verbergen.

Das »Gesetz zur Wiederherstellung des Berufsbeamtentums« wurde am 7. April 1933 erlassen. Das hört sich unauffällig an, aber das Gegenteil ist der Fall. Es diente nämlich dazu, alle Beamten jüdischer Herkunft aus dem Staatsdienst zu entlassen. Willkürlich erfanden die Nationalsozialisten immer neue Gesetze und Verordnungen, die es den Juden nach und nach unmöglich machten, überhaupt Berufe auszuüben. Durch das sogenannte »Schriftleitergesetz« etwa entließ man alle jüdischen Journalisten, den »nichtarischen« Ärzten wurde die Kassenzulassung entzogen, an den Schulen und Hochschulen beschränkte man die Zahl jüdischer Schüler und Studenten, und auch jüdische Rechtsanwälte wurden kaum noch zugelassen. Eine jüdische Mutter schrieb damals an ihren ausgewanderten Sohn: *»Die Tatsache, dass man den Juden ihre wichtigste Erwerbsquelle, die freien Berufe, verschließt, wird hier so aufgefasst, dass man sie auf unblutige Weise erledigt, ihnen die Kehle zudrückt.«*

Die Nürnberger Gesetze

Und dieser Griff an die Kehle wurde immer fester: Am 15. September 1935 wurden die berüchtigten »Nürnberger Gesetze« erlassen. Das erste dieser Gesetze, das »Reichsbürgergesetz«, raubte den deutschen Juden ihre politischen Rechte und machte sie zu Bürgern zweiter Klasse. Das zweite erhielt den schauerlichen Titel »Gesetz zum Schutz des deutschen Blutes und der deutschen Ehre«. Es verbot Eheschließungen zwischen Juden und Nichtjuden. Bereits geschlossene Ehen sollten ungültig sein, und außereheliche sexuelle Beziehungen waren strengstens verboten. Die geschlechtlichen Beziehungen zwischen Juden und Nichtjuden wurden fortan als »Rassenschande« geächtet. Wer sich trotzdem liebte, wurde verfolgt und streng bestraft.

Und auch wer ein Jude sein sollte, bestimmte dieses Gesetz. Danach war Jude, wer von drei jüdischen Großeltern abstammte, oder aber wer zwei jüdische Großeltern hatte und a) bei Erlass des Gesetzes die jüdische Religion besaß oder b) sie später annahm oder c) mit einem »Volljuden« verheiratet war. Man merkt, wie unsinnig diese Definitionen waren. Die Nazis behaupteten, die Juden seien eine eigene Rasse. Da sie diesen Unfug wissenschaftlich aber nicht beweisen konnten, griffen sie auf die Religionszugehörigkeit als Erkennungsmerkmal zurück. Wer also vier Großeltern hatte, die sich zur jüdischen Religion bekannten, wurde als »Volljude« bezeichnet, hatte jemand nur zwei jüdische Großeltern galt er als »Halbjude«, und als »Vierteljude« wurde man eingestuft, wenn man nur ein jüdisches Großelternteil hatte.

Nach dem Erlass der Nürnberger Gesetze wurde das Leben der deutschen Juden immer unerträglicher und bedrückender. In ihrem Alltag stießen sie jetzt öfter als vorher auf Judenhass. Man verbot ihnen den Zutritt zu Cafés und Restaurants, sie wurden aus vielen Sportclubs und Vereinen ausgeschlossen, man ließ sie fast überall spüren, dass sie Außenseiter und in ihrer eigenen Heimat

Am 15. September 1935 wurden die Nürnberger Gesetze verkündet. Sie verboten unter anderem Eheschließungen zwischen Juden und so genannten »Deutschblütigen«. Auch außereheliche Beziehungen zwischen solchen Personen wurden streng bestraft. Wer gegen diese Gesetze verstieß, wurde öffentlich gedemütigt und musste wegen »Rassenschande« mit Zuchthausstrafen rechnen.

unerwünscht waren. An Badestränden stießen sie auf Hinweisschilder wie »Hunden und Juden ist das Baden verboten«, am Ortseingang vieler Dörfer oder Städte konnte man Warnungen lesen wie »Juden sind an diesem Orte nicht erwünscht«, und Parkbänke waren »nur für Arier« reserviert.

Zwischen 1936 und 1937 ließ der Druck auf die Juden etwas nach. Anlässlich der Olympischen Spiele, die 1936 in Berlin stattfanden, wollte sich das NS-Regime dem Ausland von seiner besten Seite zeigen. Doch das war nur eine kurze Atempause: Die Nazis planten bereits die völlige Enteignung der Juden, die »Arisierung« genannt wurde. Sie wurden erpresst, ihre Grundstücke, Häuser und Geschäfte weit unter Wert zu verkaufen. 1938 wurde in alle Reisepässe jüdischer Bürger ein rotes »J« gestempelt, jüdischen Kindern wurde der Besuch deutscher Schulen untersagt, und alle Juden mussten zwangsweise die Vornamen »Sarah« und »Israel« annehmen, damit die Nazis sie noch besser kontrollieren konnten.

Die »Reichskristallnacht«

Am 3. November 1938 erhält der 17-jährige Herschel Grünspan, der in Paris lebt, Post von seiner Schwester. Eigentlich lebt sie in Hannover, doch die Postkarte ist in einer kleinen polnischen Grenzstadt abgestempelt. Was war geschehen? Ende Oktober waren 17 000 polnische Juden von der Gestapo mit äußerster Brutalität an die polnische Grenze gebracht worden, um sie auszuweisen.

In der Nacht vom 9. auf den 10. November 1938 wurden in ganz Deutschland jüdische Geschäfte demoliert, Synagogen angezündet und jüdische Bürger misshandelt. Wegen der vielen Scherben wurden die Ausschreitungen verharmlosend als »Kristallnacht« bezeichnet.

Doch auch die Polen schlossen ihre Grenze, und so irrten die Unglücklichen im Grenzgebiet hin und her, in Kälte und Regen, bis man sie endlich in der kleinen polnischen Stadt Zbanszyn aufnahm, wo sie in notdürftigen Unterkünften Platz fanden. Unter den Ausgewiesenen befanden sich auch Herschels Schwester und seine Familie. Als Herschel die Nachricht von ihrem Schicksal erhält, beschließt er, gegen die unmenschlichen Methoden der Nazis zu protestieren: Wütend wie er ist, schießt er am 7. November 1938 auf einen Beamten der deutschen Botschaft, der bald darauf stirbt.

Den Nationalsozialisten kam dieser Vorfall wie gerufen. Schon lange war die schärfere und rücksichtslosere Verfolgung der Juden beschlossene Sache. Endlich hatte man einen Vorwand gefunden, um

In der »Kristallnacht« wurden 171 jüdische Gotteshäuser zerstört, 91 Menschen ermordet und 26 000 in Konzentrationslager verschleppt. Das Bild zeigt den Brand der Berliner Synagoge in der Oranienburger Straße. Heute ist die Synagoge teilweise wieder aufgebaut.

loszuschlagen. In der Nacht vom 9. zum 10. November wurden auf Befehl von Hitler und Goebbels fast alle jüdischen Gotteshäuser (Synagogen) in Deutschland niedergebrannt und zerstört. SA-Männer stürmten jüdische Wohnungen, rissen die Menschen aus dem Schlaf, schlugen ihre Möbel kurz und klein und ermordeten wehrlose Opfer. Bei jüdischen Geschäften und Warenhäusern warf man zuerst die Scheiben ein, dann wurden die Einrichtungen zertrümmert und zerhackt, bis alles kaputt war. Die Mordkommandos töteten in dieser Nacht, die verharmlosend »Reichskristallnacht« genannt wird, mindestens 91 Juden. Andere brachten sich aus Verzweiflung und Angst um; wie viele es waren, weiß man nicht.

Für die in der Pogromnacht entstanden Schäden mussten die jüdischen Bürger dann auch noch eine Strafe von einer Milliarde Reichsmark bezahlen. Das Ziel dieser höhnischen und verbrecherischen Politik war die völlige »Ausschaltung der Juden aus dem deutschen Wirtschaftsleben«. Jüdische Betriebe, Geschäfte und Immobilien wurden »arisiert«, das heißt, die Juden wurden gezwungen, all ihren Besitz völlig unter Wert an nichtjüdische Interessenten zu verkaufen.

Nach dem Novemberpogrom verschlechterte sich das Leben für die deutschen Juden von Tag zu Tag. Sie durften kein Auto mehr fahren, man verbot ihnen zu telefonieren, der Zutritt zu Kinos, Theatern und Museen wurde untersagt. Nach Beginn des Krieges am 1. September 1939, durften sie nach 21 Uhr nicht mehr das Haus verlassen und mussten ihre Radiogeräte abgeben. Und noch schlimmer: Sie bekamen kaum noch genug Lebensmittel, immer dürftiger wurden die Mengen, die sie kaufen konnten. Die Nazis vertrieben die Juden aus ihren Wohnungen und drängten sie in besonderen »Judenhäusern« zusammen. Hier lebten sie auf engstem Raum unter unwürdigen Bedingungen. Am 1. September 1941 wurde eine Polizeiverordnung erlassen: Alle Juden ab dem sechsten Lebensjahr mussten einen gelben Stern auf ihrer Kleidung tragen, damit sie immer erkannt werden konnten. Jetzt war die Überwachung der deutschen Juden perfekt. Und als ihnen am 23. Oktober 1941 die Auswanderung verboten wurde, waren sie im eigenen Land gefangen. Inzwischen hatte der schlimmste Völkermord der Weltgeschichte in den besetzten Ostgebieten schon seinen Anfang genommen.

Hätten sie denn nicht fliehen können?

Warum sind die Juden nicht einfach geflohen? Wussten sie nicht, was die Nazis ihnen antun wollten?

Von den etwa 500 000 deutschen Juden, die 1933 in Deutschland lebten, waren 1941 bereits mehr als 300 000 ausgewandert, aber trotz des Terrors waren noch 164 000 Juden geblieben. Hatten sie nicht allen Grund zu bleiben? Deutschland war ihre Heimat. Sollten sie das Land verlassen, in dem sie aufgewachsen waren? Sollten sie dieses Land, in dem ihre Familien zum Teil seit Jahrhunderten lebten, dessen Kultur sie mitgeprägt hatten, in dessen Sprache sie dachten, träumten und Pläne schmiedeten, einfach verlassen? Niemand wird leichten Herzens das Land verlassen, das er liebt, auf das er stolz ist. Und viele deutsche Juden fühlten sich ihrer Heimat sehr verbunden und konnten gar nicht begreifen, was ihnen hier geschah. Dass in Deutschland Pläne zur Vernichtung aller europäischen Juden entwickelt wurden, konnten sie sich kaum vorstellen, selbst wenn sie Hitlers wüste Drohungen fürchteten.

Ganz abgesehen davon, war es keineswegs einfach, Deutschland zu verlassen. Als Flüchtling musste man fast allen Besitz zurücklassen. Wofür hatte man dann ein Leben lang hart gearbeitet? Sollte man jetzt alles aufgeben? Und in welches Land sollte man sich flüchten? In einem fremdem Land mit einer fremden Sprache ganz von vorne zu beginnen, trauten sich viele nicht zu, zumal es kaum Länder gab, die die Flüchtlinge freudig begrüßt hätten. Die meisten europäischen Länder und auch Amerika hatten kein Interesse daran, viele jüdische Einwanderer ins Land zu lassen. Man begrenzte die Aufnahmezahlen stark, weil man Kosten fürchtete, und weil es durchaus auch in diesen Ländern judenfeindliche Einstellungen gab. Darüber hinaus war der Gedanke, dass Nazideutschland kaltblütig die Vernichtung seiner jüdischen Bürger organisieren würde, lange Zeit auch im Ausland kaum denkbar.

Im Getto

Inzwischen hatte Deutschland durch den Überfall auf Polen den Zweiten Weltkrieg in Gang gesetzt. Noch im September 1939 begann die Gestapo in den eroberten Gebieten mit der Errichtung von Gettos. Überall in Polen sperrte man in den Städten ganze Wohnviertel durch Stacheldraht und Mauern ab, in die dann möglichst viele Juden gebracht wurden. Solche Gettos gab es in Warschau, Lodz, Krakau, Tschenstochau, Radom, Kielce und vielen weiteren polnischen Orten. Nachdem der Russlandfeldzug begonnen hatte, wurden auch in Litauen, Estland, Lettland und Weißrussland Gettos eingerichtet.

Zwei Kinder im Warschauer Getto, die auf der Straße schlafen müssen.

Das Leben in diesen Gefängnissen war überall schrecklich und sehr ähnlich. Im Warschauer Getto etwa mussten über 400 000 Menschen auf engstem Raum zusammenleben. Für sie gab kaum etwas zu essen. Die Eingesperrten hungerten ständig, sie magerten ab, und die Kinder bekamen aufgeschwollene Bäuche vor Hunger. Allein in den ersten acht Monaten des Jahres 1941 verhungerten im Warschauer Getto 11 000 Menschen. Medizinische Hilfe und Medikamente gab es fast gar nicht. Vor allem kleine Kinder und alte Menschen starben vor Erschöpfung auf den Gehsteigen, niemand hatte die Kraft, sich um sie kümmern. Die Wohnungen waren kalt, ungeheizt und überfüllt. Deshalb hielten sich die Menschen lieber auf den Straßen auf. Da die hygienischen Bedingungen im Getto katastrophal waren, brachen bald ansteckende Krankheiten aus, die viele töteten. Wer trotz dieser schlimmen Umstände noch arbeitsfähig war, wurde zur Zwangsarbeit gezwungen, die so mörderisch war, dass viele an Entkräftung starben. Und über allem lag eine Atmosphäre der Angst und Bedrohung: Jederzeit konnte man von den SS-Männern erschossen oder erschlagen werden, oft brauchte es gar keinen Grund dazu. Obwohl die Gettos furchtbar und mörderisch waren, bildeten sie nur eine Durchgangsstation. Hier wurden die Juden und »Zigeuner« aus ganz Europa zwischen 1940 und 1943 systematisch zusammengetrieben. Heute wissen wir: Die Gettos waren nur der Vorhof zur Hölle.

»Horden von Kindern kriechen zwischen den Beinen der Gettoeinwohner herum und bitten um ein Stück Brot. Es ist wahr, nicht alle Kinder betteln. Viele verdienen sich ihren Lebensunterhalt oft viel leichter als die Erwachsenen. Ganze Banden kleiner Jungen und Mädchen zwischen fünf und zehn Jahren haben sich organisiert. Die Kleinsten und Dünnsten unter ihnen wickeln Säcke um ihre winzigen, ausgemergelten Körper. Dann schlüpfen sie in den Straßen, die nur mit Stacheldraht abgezäunt sind, hinüber auf die ›arische‹ Seite. Die größeren Kinder ziehen den Draht auseinander und stoßen die kleineren hindurch. Die anderen halten nach deutschen Wächtern oder polnischen Polizisten Ausschau. Einige Stunden später kommen die Kleinen zurück, mit Kartoffeln und Mehl beladen. Gewöhnlich gehen sie in die Vororte, wo Lebensmittel billiger sind als im Stadtzentrum. Oft geben die Bauern ihnen Kartoffeln umsonst – ihr schreckliches Aussehen erweckt Mitleid. Außer Kartoffeln bringen sie oft

*dunkles Bauernbrot mit. Mit einem glücklichen Lächeln auf ihren schmalen grünen Gesichtern schlüpfen sie ins Getto zurück. Auf dieser Seite des Stacheldrahts warten ihre älteren Partner. Oft stehen sie dort stundenlang und warten, bis der Posten einmal damit beschäftigt ist, den Pass eines Ausländers oder eines Polen, der das Getto besucht, zu kontrollieren. Das ist der Augenblick, in dem sie ihre Esswaren einschmuggeln können. Manchmal bemerkt der Deutsche sie nicht. Manchmal bemerkt er sie, aber er tut so, als ob er sie nicht sähe. Das kommt seltener vor, aber es gibt Deutsche, besonders unter den Älteren, die vielleicht eigene Kinder zu Hause haben und deshalb einen Funken Mitleid für diese Kerlchen zeigen, die wie wandelnde kleine Skelette aussehen. Aber die meisten der deutschen Posten feuern kaltblütig auf die rennenden Kinder, und die jüdischen Polizisten müssen die blutenden Opfer aufheben, die wie verwundete Vögel niederfallen, und sie auf vorüberfahrende Rikschas werfen. Kehren die Kinder jedoch mit ihrer Beute heil und gesund zu ihren verhungernden Eltern zurück, herrscht grenzenlose Freude in der Familie.« (*Mary Berg: *Zwei Jahre im Warschauer Getto)*

Auf dem Weg zur »Endlösung«

Selbst die Nazis wussten lange Zeit nicht, wie sie ihre Ankündigung, Deutschland »judenrein« zu machen, umsetzen sollten. Da nicht alle Juden vor ihrem Terror aus Deutschland geflohen waren, überlegte man sogar eine Zeit lang, sie mit Schiffen nach Madagaskar zu transportieren, um sie auf dieser kargen Insel vor Ostafrika auszusetzen. Doch als die Deutschen fast ganz Europa erobert hatten, ließen sie diesen Plan fallen. Die Nazis hatten in den besetzten Ländern fast elf Millionen europäische Juden in ihre Gewalt gebracht. Solange der Krieg tobte, konnten unmöglich alle zur Auswanderung gezwungen oder in fremde Länder abtransportiert werden. Deshalb beschlossen die Nazis, sie alle zu ermorden, sie beschlossen die »physische Endlösung«. Auf dem Höhepunkt ihrer Macht, im Sommer 1941, glaubten sie, dass sie niemand daran hindern könnte.

Lettland im Dezember 1941: Kurz bevor diese jüdischen Frauen erschossen wurden, mussten sie sich noch fotografieren lassen.

Planmäßig töteten zuerst die sogenannten »Einsatzgruppen«, die Mordwerkzeuge der SS. Diese mobilen Mordkommandos hatten die Aufgabe, in den besetzten Gebieten Massenerschießungen durchzuführen. Ihre Opfer waren Zigeuner, Polen, politische Gegner, vor allem aber die jüdische Bevölkerung. Im Krieg gegen Russland gingen vier Einsatzgruppen auf Menschenjagd. Von Juni 1941 bis April 1942 töteten sie 560 000 Menschen. Ihr Vorgehen war immer gleich: Wenn sie in eine Stadt oder ein Dorf kamen, zwangen sie die Juden, sich zu versammeln. Dann führten sie die wehrlosen Menschen zu Schluchten, Gräben oder ließen sie tiefe Gruben ausheben. Frauen, Kinder und Männer, alle wurden erschossen und dann verscharrt. Mit diesem Vorgehen aber waren die Verantwortlichen nicht zufrieden. Die Massenerschießungen waren ihnen zu langsam, zu teuer und hinterließen zu viele Spuren. Wirksamere Methoden sollten entwickelt werden.

Die Wannseekonferenz

Die Räume waren freundlich und hell, der Blick ging weit hinaus auf den See. Am 20. Januar 1942 trafen sich hier, in einer schönen Villa am Wannsee, fünfzehn sehr wichtige und fleißige Herren. Reinhard Heydrich, der Chef des Reichssicherheitshauptamtes (RSHA), der Polizei- und Geheimdienstzentrale des Dritten Reichs, hatte die hohen Verwaltungsbeamten und SS-Führer eingeladen, um mit ihnen über einen millionenfachen Mord zu sprechen. Die Vernichtung der europäischen Juden war längst beschlossen, es ging bei dieser Konferenz lediglich darum, die Maßnahmen abzustimmen und den Vernichtungsplan zu perfektionieren. Was mit den Juden geschehen sollte, hielt das Protokoll der Besprechung eindeutig fest: *»Unter entsprechender Leitung sollen nun im Zuge der Endlösung die Juden in geeigneter Weise im Osten zum Arbeitseinsatz kommen. In großen Arbeitskolonnen, unter Trennung der Geschlechter, werden die arbeitsfähigen Juden straßenbauend in diese Gebiete geführt, wobei zweifellos ein Großteil durch natürliche Verminderung ausfallen wird. Der allfällig endlich verbleibende Restbestand wird, da es sich bei diesem zweifellos um den widerstandsfähigsten Teil handelt, entsprechend behandelt werden müssen, da dieser, eine natürlich Auslese darstellend, bei Freilassung als Keimzelle eines neuen jüdischen Aufbaues anzusprechen ist.«*

Was heißt das eigentlich? Ist hier noch von Menschen die Rede? Was bedeuten »Restbestand« und »natürliche Verminderung«? Der Mann, der damals das Protokoll führte, hieß Adolf Eichmann. Er war der größte Spezialist für die Vertreibung und den Transport der Juden in die Vernichtungslager. Als man ihn nach dem Zweiten Weltkrieg verhaftete, sagte er aus, dass er »dienstliche Worte« für das Protokoll finden musste, weil die Herren weitaus deutlicher und drastischer gesagt hatten, was man mit den Juden machen würde. Trotzdem ist klar, was mit den unmenschlichen Worten gemeint war. Die Juden sollten sich für den deutschen Sieg zu Tode arbeiten, und wer überlebte, würde anschließend getötet werden.

Dieser Plan ist dann auch umgesetzt worden. Die arbeitsunfähigen Juden wurden von den arbeitsfähigen Juden getrennt und sofort vergast. Die arbeitsfähigen Juden mussten arbeiten, bis sie tot umfielen

Ende März 1942 wurden aus ganz Westeuropa die ersten Juden nach Auschwitz verschleppt. Durch das Tor fuhren die vollgestopften Güterzüge. Etwa 1,5 Millionen Menschen, in der Mehrheit Juden, wurden in Auschwitz umgebracht. Am 27. Januar 1945 wurde das Vernichtungslager von sowjetischen Truppen befreit. Dieser Tag ist heute Gedenktag für die Opfer des Nationalsozialismus.

oder so schwach waren, dass man sie ebenfalls in die Gaskammern trieb. Bei dieser Art des Mordens konnten die Nazis auf Spezialisten zurückgreifen, die sich schon bei der Aktion T 4 »bewährt« und Kenntnisse gesammelt hatten. Hinter dieser Tarnbezeichnung stand der Massenmord an etwa 120 000 Geisteskranken und Behinderten, der auch als »Euthanasie« bezeichnet wird. Die Nationalsozialisten betrachteten geistig Behinderte oder körperlich unheilbare Kranke als

»lebensunwertes Leben«. Schon am 14. Juli 1933 hatten die Nazis deshalb das »Gesetz zur Verhütung erbkranken Nachwuchses« erlassen, auf dessen Grundlage bis zum Kriegsende etwa eine halbe Million Menschen unfruchtbar gemacht wurden. Anfang 1940 begann dann auf Hitlers Befehl die Ermordung behinderter Menschen. Kinder wurden meistens mit Tabletten getötet, während man die Erwachsenen in eigens entwickelten Gaskammern umbrachte.

Mit dem Ergebnis ihrer Konferenz waren die Herren sehr zufrieden. Niemand hatte dem Plan widersprochen. Sie alle wollten fleißig sein. Sie genehmigten sich anschließend noch ein Frühstück. Der Blick auf den Wannsee war immer noch schön.

Der Holocaust

Die Ermordung der europäischen Juden wird in Deutschland erst seit 1979 allgemein »Holocaust« genannt. In diesem Jahr war im deutschen Fernsehen eine amerikanische Fernsehserie mit dem gleichlautendem Titel zu sehen. Sie erzählte die Geschichte einer deutsch-jüdischen Familie während des Nationalsozialismus und erschütterte ein Millionenpublikum. In Israel dagegen nennt man die Ermordung der Juden heute die »Shoah« oder »Schoa«. Die Nazis wollten dieses Verbrechen durch Sprache tarnen und verschleiern. Deshalb sprachen sie von der »Endlösung«.

Die Bilder des Holocaust sind grausam, alptraumhaft, unfassbar. Dennoch haben wir sie im Fernsehen und in Büchern oft gesehen: Leichenberge, Arme, Beine, Köpfe, alles merkwürdig verrenkt, ineinander verschlungen, Menschen weggekippt wie Müll, Menschen, die eher wie Skelette aussehen, Körper, die leblos in Stacheldrahtzäunen hängen. Die Nazis wollten nicht, dass solche Bilder um die Welt gehen. Sie haben sich Mühe gegeben, die Spuren ihres Völkermords zu beseitigen. Doch als die Alliierten die Konzentrations- und Vernichtungslager befreiten, fanden sie genug Beweise für das größte und schrecklichste Verbrechen, das jemals verübt wurde. Mindestens sechs Millionen europäische Juden wurden von Deutschen umgebracht. Eine unbegreifliche und abstrakte Zahl, die nichts über das Leid der Menschen aussagt, die damals bestialisch getötet wurden.

Während die Völkermordspezialisten auf der Wannseekonferenz ihr Wissen austauschten und sich ihrer gemeinsamen Ziele versicherten, wurden bereits die ersten Vernichtungslager, spezielle Todesfabriken, gebaut. In diesen Lagern wurde der Massenmord wie am Fließband betrieben, Tag für Tag wurden die wehrlosen Opfer durch Giftgas getötet. Insgesamt gab es sechs Vernichtungslager, die sich alle in Polen befanden. Sie hießen Auschwitz-Birkenau, Chelmno, Belzec, Sobibor, Treblinka, Majdanek. Bisher waren die Juden erschossen, erschlagen, erstochen, aufgehängt, mit Giftspritzen umgebracht oder in den Selbstmord getrieben worden, sie waren im Getto verhungert, erfroren oder an Seuchen gestorben, jetzt – ab 1941 – wurden sie auch noch systematisch vergast. Die Mordmaschine lief auf Hochtouren.

Aus allen Teilen Europas, auch aus Deutschland, wurden die Juden jetzt in die Vernichtungslager geschickt. Nachdem man ihnen allen Besitz genommen und sie in den Gettos und Judenhäusern zusammengetrieben hatte, transportierte man sie jetzt mit Zügen in die Vernichtungslager. Die verängstigten Menschen wurden in Vieh- und Güterwaggons gestoßen, sie standen in qualvoller Enge, dicht an dicht. Manchmal dauerte die Fahrt mehrere Tage. Ohne Wasser, ohne Brot, ohne die Möglichkeit auszutreten. Die Notdurft musste in den Wagen verrichtet werden. Die Luft war knapp, es gab keine Fenster, allenfalls schmale Schlitze. Hitze im Sommer, Kälte im Winter. Schon auf diesen furchtbaren Transporten kamen Tausende um, sie starben an Erschöpfung, sie erstickten, sie sanken tot zu Boden.

Die Züge fuhren direkt an die Vernichtungslager heran. Die Türen wurden aufgerissen, SS-Männer schrien, die betäubten Menschen mussten die Waggons möglichst schnell verlassen. Wachhunde bellten. Niemand hatte Zeit zu denken, alle sprangen oder fielen herunter, die Körper waren noch ganz steif, da wurden sie auch schon geschlagen, vorwärtsgetrieben. Max Mannheimer war damals 23 Jahre alt. Er schildert den Augenblick, als er aus dem Zug springt: *»Auschwitz-Birkenau, Todesrampe, Mitternacht vom 1. Februar 1943. Alles* *aussteigen! Alles liegen lassen! Eine Panik. Jeder versucht, so viel wie möglich in die Taschen zu stopfen. Die SS-Leute brüllen: Bewegung! Ein bisschen dalli! Noch ein Hemd wird angezogen. Noch ein Pullover. Zigaretten. Vielleicht als Tauschobjekt. Männer auf diese Seite, Frauen auf die andere Seite, Frauen mit Kindern auf die LKWs. Männer und Frauen, die schlecht zu Fuß sind, können mit den LKWs mitfahren. Viele melden sich. Der Rest wird in Fünferreihen aufgestellt. Eine Frau versucht, zu uns herüberzukommen. Sie will vermutlich ihren Mann oder ihren Sohn sprechen. Ein SS-Mann reißt sie mit einem Spazierstock zu Boden. Am Hals. Sie bleibt liegen. Wird weggezerrt.«*

Frauen und Kinder nach der Ankunft im KZ. Die meisten von ihnen wurden sofort in Gaskammern ermordet.

Nach der Befreiung des Konzentrationslagers Belsen. Opfer der nationalsozialistischen Vernichtungspolitik.

Kaum hatten die Menschen die Waggons verlassen, wurde die Selektion durchgeführt. Selektion bedeutete in diesem Fall, dass ein SS-Mann, meistens ein Arzt, durch bloßen Augenschein entschied, wer arbeitsfähig oder arbeitsunfähig war. Diejenigen, die arbeitsunfähig waren, wurden sofort umgebracht. Frauen, Kinder unter zwölf Jahren, ältere Menschen, Kranke, Versehrte. Sie alle mussten sich nackt ausziehen. Alle Wertgegenstände und Geld wurden ihnen abgenommen. Den Frauen und Mädchen schnitt man die Haare ab, um sie später in der Rüstungsindustrie zu verarbeiten. Alle Schuhe wurden auf einen Haufen geworfen. Dann erklärte man den Opfern, dass sie sich duschen und waschen müssten. Bis zuletzt wurde die Vernichtung getarnt. Vielleicht ahnten oder wussten sie, was sie erwartete, glauben konnten es viele trotzdem nicht. Die SS-Männer trieben die splitternackten Menschen in die Gaskammern, die auf den ersten Blick wie Duschräume aussahen. Die Türen wurden geschlossen, Giftgas eingeleitet, nach einer halben Stunde waren alle tot.

Hitler hat die sechs Millionen Juden nicht allein in die Gaskammern getrieben. Er hatte viele »willige Helfer«. Zehntausende SS-Männer arbeiteten in Mordkommandos und Konzentrationslagern, Eisenbahner halfen bei den Transporten, Bankdirektoren bewilligten Kredite für die Lager, Verwaltungsbeamte organisierten die Entrechtung und Vertreibung der Juden, Fabrikanten bauten Vernichtungsanlagen, die deutsche Industrie profitierte von der Arbeit der KZ-Häftlinge, Wehrmachtssoldaten beteiligten sich am Völkermord im Osten. Auch die Deutschen, die bloß zuschauten, die sich nicht darum kümmerten, wenn man ihre jüdischen Nachbarn verschleppte, haben geholfen, selbst wenn sie vielleicht »unwillige Helfer« gewesen sind. Jeder wusste, dass es Konzentrationslager gab. Jeder hätte wissen können, dass in ihnen systematisch gemordet wurde, doch die meisten Deutschen zogen es vor, nicht darüber nachzudenken. Sie verdrängten eine Wahrheit, die unerträglich und schmerzhaft war. Es fiel ihnen leicht, weil die Mörder ihre Verbrechen tarnten. Auch der Krieg lenkte die Bevölkerung ab, man verdrängte, dass man einmal jüdische Nachbarn gehabt hatte. Nach dem Krieg waren die Deutschen entsetzt und überrascht. Sie wollten nicht zu den Mördern gehören, die das gemacht hatten. Man redete sich ein, dass der Holocaust nur von einer kleinen Gruppe ins Werk gesetzt worden sei. Man redete die eigene Schuld klein, stritt sie ab oder schob sie auf andere. Tatsächlich überstieg das, was man sah, das Vorstellungsvermögen vieler Menschen. Die Fragen bleiben auch heute noch: Wie viele Deutsche haben ihr Wissen um den Holocaust verdrängt? Warum haben nur wenige Menschen den Juden aktiv geholfen? Mit diesen Fragen müssen wir uns heute und in Zukunft auseinandersetzen.

Hitlers Krieg

Kriege hat es immer gegeben. In diesem Augenblick sterben Menschen weltweit in kriegerischen Auseinandersetzungen. Doch einen Krieg, wie Hitler ihn plante und ausführte, hatte die Welt nie zuvor erlebt. Von seinem ersten Tag als Reichskanzler, hatte er diesen Krieg gewollt und vorbereitet. Für ihn war es ein Weltkrieg der Rassen, der das Überleben der arischen Rasse dauerhaft sichern sollte. Seine wahnsinnige Sicht auf die Welt kannte keine Zweifel: Schwächere oder minderwertige Rassen sollten gnadenlos vertrieben oder vernichtet werden. Schon am 3. Februar 1933 überraschte er die versammelten Generäle der Reichswehr mit seinen Ideen. Ob sie diese Ziele ernst nahmen, wissen wir nicht. Hitlers Pläne zur Aufrüstung dagegen gefielen ihnen, weil sie der Reichswehr wieder zu Stärke und Einfluss verhalfen. Viele Offiziere, die vorher misstrauisch waren, wurden jetzt seine Anhänger.

Um seine Kriegsphantasien zu verwirklichen, brauchte Hitler eine starke Armee. Die aber hatte Deutschland 1933 wegen der Rüstungsbeschränkungen nicht. Aus dieser Situation ergab sich seine Politik in den nächsten Jahren automatisch: Nach außen vom Frieden reden, nach innen den Krieg vorbereiten. Hitler hielt vielbeachtete Friedensreden und schloss am 26. Januar 1934 sogar einen Nichtangriffspakt mit Polen. Europa wunderte sich, und Deutschland rüstete auf. Dass dadurch der Versailler Vertrag verletzt wurde, beunruhigte Europa und begeisterte die Deutschen. Als die Saarländer dem Versailler Vertrag entsprechend am 13. Januar 1935 dazu aufgefordert waren, zu entscheiden, ob sie zu Frankreich oder Deutschland gehören sollten, stimmten 90,3 Prozent dafür, ins Reich »heimzukehren«. Jetzt fühlte

Hitler sich stark, sah sich umjubelt. Er ließ eine neue deutsche Luftwaffe aufbauen und am 16. März 1935 die Einführung der allgemeinen Wehrpflicht verkünden. Die Reichswehr hieß fortan Wehrmacht. Ein Jahr später, am 7. März 1936, marschierten deutsche Truppen in das entmilitarisierte Rheinland ein. Zuerst zitterten die Deutschen. Würden sich Frankreich und England diese Politik gefallen lassen? Kriegsangst machte sich breit, doch als nichts geschah, brach ungeheuere Begeisterung in Deutschland aus. »Dem Führer gelingt einfach alles«, staunten viele Deutsche. Unterdessen ließ Hitler weiter aufrüsten. In vier Jahren, so forderte er 1936, sollten Armee und Wirtschaft einsatzbereit und kriegsfähig sein.

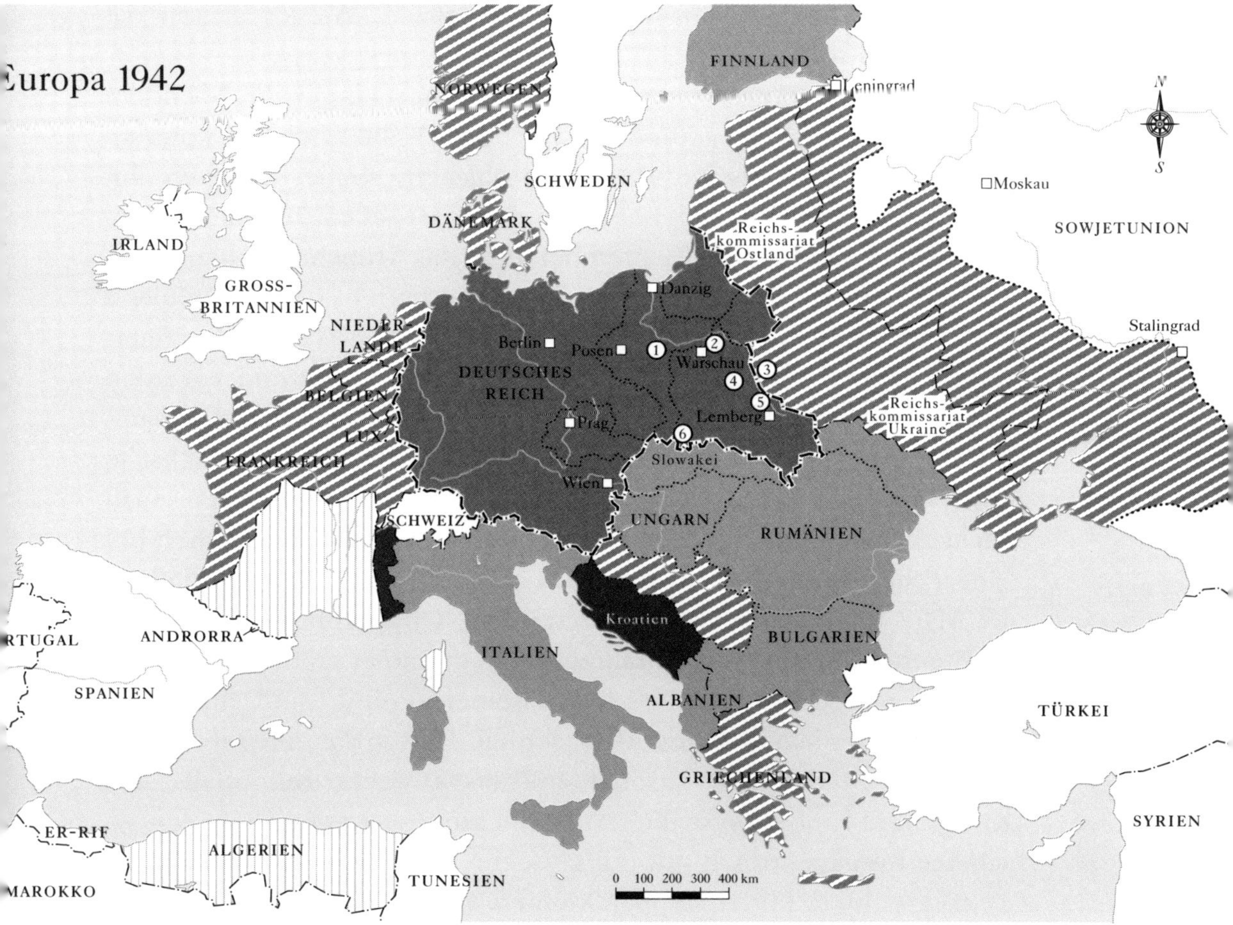

«Großdeutsches Reich»: einschließlich Österreich, Reichsprotektorat Böhmen und Mähren, Generalgouvernement

Mit Deutschland verbündete Staaten

Von Deutschland besetzte Gebiete

Von Italien besetzte Gebiete

Vichy-Frankreich, von Deutschland geduldet

Ostfront im Herbst 1942

Grenze des »Großdeutschen Reiches«

Vernichtungslager: ① Chelmno ② Treblinka ③ Sobibor ④ Majdanek ⑤ Belzec ⑥ Auschwitz-Birkenau

Die Beliebtheit des Führers wurde sogar noch gesteigert: Als er deutsche Truppen am 12. März 1938 nach Österreich schickte und anschließend den Anschluss Österreichs an Deutschland per Gesetz verkünden ließ, kannte der Jubel keine Grenzen. Wieder hielten die Westmächte still.

Hitlers Eroberungshunger war jedoch keinesfalls gestillt. Nachdem er am 30. Mai 1938 gedroht hatte, dass er die Tschechoslowakei »durch eine militärische Aktion zerschlagen« wolle, drängten ihn Frankreich, England und Italien zu diplomatischen Verhandlungen. Daraufhin wurde am 29. September 1938 das Münchner Abkommen geschlossen, das der Tschechoslowakei vorschrieb, das Sudetenland an Deutschland abzutreten. Hitler willigte ein. Die Westmächte feierten ihre Appeasement-Politik, ein Krieg schien abgewendet worden zu sein. »Peace for our time«, rief der britische Außenminister Chamberlain den Journalisten entgegen. Hatte er Recht? Das englische Wort »appease« heißt soviel wie beschwichtigen, besänftigen, auch nachgeben. Doch kann man einen skrupellosen Machtmenschen besänftigen? Hitler pfiff bald auf das Münchner Abkommen und ließ am 15. März 1939 Tschechien von deutschen Truppen besetzen und als »Protektorat Böhmen und Mähren« seinem immer größer werdenden Reich eingliedern. Für ihre Appeasement-Politik sind die Westmächte später häufig angegriffen worden. Hatten sie durch ihr Nachgeben den Machthunger des Diktators erst geweckt? Keinesfalls, sein Kriegs- und Eroberungswille stand ohnehin fest. Lediglich ihr energischeres Entgegentreten mit militärischen Mitteln zu einem früheren Zeitpunkt hätte Hitler stoppen können. Diese Chance wurde jedoch versäumt.

Blitzkriege und Vernichtungskriege

Es war kurz vor Tagesanbruch am 1. September 1939: Das deutsche Linienschiff »Schleswig-Holstein« eröffnete das Feuer auf polnische Befestigungsanlagen der Westerplatte. Einige Stunden später rief Hitler vor dem Reichstag in Berlin: »Seit 5.45 Uhr wird zurückgeschossen!« Eine glatte Lüge, denn Deutschland war gar nicht angegriffen worden. Kaum eine Woche zuvor hatte er mit dem sowjetischen Diktator Stalin, eigentlich sein Todfeind, den sogenannten Hitler-Stalin-Pakt geschlossen. Darin hatten sie sich für den Kriegsfall Neutralität zugesichert und in einem geheimen Zusatzprotokoll Polen unter sich aufgeteilt. Frankreich und England hatten Polen zwar angesichts der deutschen Bedrohung Unabhängigkeit garantiert und deshalb Deutschland am 3. September auch den Krieg erklärt, ihr Angriff aber blieb aus. Obwohl sich die polnische Armee erbittert wehrte, hatte sie keine Chance gegen die technisch überlegene Wehrmacht. Nach wenigen Wochen war der »Blitzkrieg« beendet, Hitlers Rassen- und Vernichtungskrieg jedoch nahm seinen Anfang. Er betrachtete die Polen als Sklavenvolk, das nur arbeiten, aber nicht denken müsse. Deshalb trieb man alle gebildeten Menschen zusammen – polnische Ärzte, Beamte, Lehrer, Geistliche, Kaufleute, Professoren, Journalisten und

SS und Polizeikräfte ermorden Zivilisten, vermutlich in Litauen.

Gutsbesitzer – und ließ sie von SS-Einsatzgruppen zu Hunderttausenden erschießen. Auch die Juden brachte man so um oder trieb sie in Gettos zusammen.

Nach dem schnellen Sieg gegen Polen wollte Hitler gleich Frankreich angreifen. Die Situation war günstig: Die Sowjetunion lieferte Deutschland Lebensmittel und blieb neutral, sodass Hitler einstweilen keinen Krieg an zwei Fronten im Osten und Westen fürchten musste. Doch die Generäle waren gegen einen überstürzten Angriff und rieten ab. Schließlich fegte Hitler alle Bedenken beiseite und drohte ihnen: »Ich werde vor nichts zurückschrecken und jeden vernichten, der gegen mich ist.« Damit war die Kriegspause vorbei. Um Deutschland Rohstoffe zu sichern, wurden am 9. April 1940 zwei neutrale Länder überfallen: Dänemark und Norwegen. Der Kampf war kurz, und schon am 10. Mai begann der Feldzug gegen Frankreich. Die Niederlande und Belgien wurden in wenigen Tagen überrannt, und die deutschen Panzerverbände waren nicht aufzuhalten. In allerletzter Minute konnten die in Frankreich kämpfenden englischen Truppen in ihre Heimat flüchten. Am 14. Juni marschierten dann deutsche Soldaten in Paris ein und holten die Trikolore, die französische Nationalflagge, vom Eiffelturm.

Hitlers triumphaler Sieg war Frankreichs katastrophale Niederlage. Ihm war in sechs Wochen gelungen, was die kaiserliche Armee im Ersten Weltkrieg in vier blutigen Jahren nicht geschafft hatte. Die große Mehrzahl der Deutschen war bereit zu glauben, dass Hitler mit diesem Erfolg die Ehre der Nation wiederhergestellt und die Schande des Versailler Vertrages fortgewischt hätte. Für sie war er jetzt der »größte Feldherr aller Zeiten«. Der »Endsieg« schien zum Greifen nah. Wer sollte den mächtigsten Mann Europas noch aufhalten? Ein letztes Mal genoss Hitler den Jubel. Von nun an ging es bergab.

Hitler wollte jedoch bergauf. Sein altes und eigentliches Ziel war die »Eroberung von Lebensraum im Osten«. Hätte er erst einmal die Sowjetunion geschlagen, dann wäre Deutschland bereit zur Entscheidungsschlacht mit Amerika. Denn der Diktator wollte nichts weniger als die »Weltherrschaft«. Doch plötzlich war ihm in Europa ein lästiger Gegner entgegengetreten: Winston Churchill, der neue englische

Premierminister, dachte nicht an Kapitulation. Ungeduldig befahl Hitler daraufhin den Angriff: Am 13. August 1940 begann die »Luftschlacht um England«. Die Deutschen bombardierten Radarstationen, Flugplätze, Rüstungs- und Industrieanlagen und auch Großstädte wie London, um eine Landung deutscher Truppen vorzubereiten. Trotzdem ließ sich England nicht bezwingen. Deutschland verlor Tausende Flugzeuge und damit auch den Luftkampf um die Insel. Aus diesem Grund änderte Hitler alsbald seine Strategie. Er rechnete darauf, dass England schon aufgeben würde, wenn Deutschland erst einmal die Sowjetunion niedergeworfen hätte. Deshalb befahl er am 18. Dezember, das »Unternehmen Barbarossa« vorzubereiten, um »Sowjetrussland in einem schnellen Feldzug niederzuwerfen«. Dass er einen Nichtangriffspakt geschlossen hatte, kümmerte ihn herzlich wenig.

Über drei Millionen deutsche Soldaten griffen am 22. Juni 1941 auf breiter Front die Sowjetunion an. Und zunächst sah wieder alles nach einem Blitzsieg aus. Die gegnerische Luftwaffe wurde fast völlig zerstört, die deutschen Truppen- und Panzerverbände drangen scheinbar unaufhaltsam vor, und Hunderttausende Soldaten des Gegners wurden gefangengenommen. Am 3. Juli sagte selbst ein bekanntlich vorsichtiger Mann wie Generalstabschef Halder über die deutschen Siegesaussichten: »Es ist wohl nicht zuviel gesagt, wenn ich behaupte, dass der Feldzug gegen Russland innerhalb von vierzehn Tagen gewonnen wurde.« Doch das sollte sich bald als schwerer Irrtum erweisen!

Während die Wehrmacht vorrückte, verübten die SS-Einsatzgruppen hinter der Front ihr von Hitler befohlenes Mordgeschäft. Sie erschossen Hunderttausende Juden, »Zigeuner«, Kommunisten, Kriegsgefangene, Partisanen und russische Zivilisten. Durch solche Aktionen sollten die eroberten Gebiete für zukünftige deutsche Siedler gesichert werden. Menschen, die diesen Plänen im Weg standen, sollten »verstreut«, »rassisch ausgelaugt« und »verschrottet« werden. Und auch Leningrad und Moskau seien, so Hitler, »dem Erdboden gleichzumachen, um zu verhindern, dass Menschen darin bleiben, die wir dann im Winter ernähren müssten.« Nur durch den sehr früh einbrechenden Winter wurde die Bevölkerung vor diesem Schicksal bewahrt. Die Offensive der deutschen Wehrmacht versank zunächst in Dauerregen und Schlamm und erstarrte dann im bitterkalten Frost. Auf diese Bedingungen waren die Deutschen nicht vorbereitet. Umso besser kamen die sowjetischen Armeen mit dem Wetter zurecht. Die ungeheueren Verluste, die sie erlitten hatten, konnten sie im Gegensatz zu den erschöpften Deutschen besser ausgleichen. Immer wieder wurden frische Soldaten in den Kampf geschickt. Längst war klar, dass Hitlers Blitzkrieg fehlgeschlagen war. Im zweiten russischen Winter wurde die deutsche Niederlage dann endgültig besiegelt. Anfang Februar 1943 musste die 6. Armee unter General Paulus vor Stalingrad kapitulieren. Über 90 000 deutsche Soldaten gerieten in Kriegsgefan-

Ein deutscher Soldat in der Sowjetunion vor einem zerstörten Geschütz.

genschaft. Die deutsche Bevölkerung war von diesen Nachrichten geschockt. Das Ansehen des Führers zerbröckelte langsam, aber sicher.

Der totale Krieg

Auch an anderen Fronten wendete sich jetzt das Blatt. Aus dem europäischen Krieg war längst ein Weltkrieg geworden. Die Japaner, die mit Deutschland und Italien verbunden waren, hatten mit ihrem Angriff auf die amerikanische Flotte in Pearl Harbor den Kriegseintritt der USA herausgefordert. Und in Afrika waren die Italiener gegen die englischen Besatzungstruppen ins Feld gezogen und hatten sehr bald deutsche Unterstützung benötigt. Im Mai 1943 musste sich die deutsche Armee in Afrika unter ihrem Oberbefehlshaber Rommel aber den Engländern ergeben. Damit war die Südflanke für den Angriff der Alliierten auf die »Festung Europa« offengelegt.

»Jeden Morgen fuhren Willi, der Nachbarsjunge, und ich mit dem Zug in die Stadt. Wir gingen dort in die Schule. Im letzten Kriegsjahr lernten wir nicht mehr viel. Die Bombengeschwader kamen immer schon am frühen Vormittag. Der beste Luftschutzkeller war in den Stollen einer Bierbrauerei. Wenn die Sirenen Fliegeralarm heulten, rannten alle Stadtbewohner in Richtung Stollen los. Meine Schule war sehr weit weg von der Bierbrauerei. Willis Schule lag viel näher. Trotzdem wartete Willi immer auf mich. Manchmal erreichten wir die Stollen. Manchmal nicht. Kamen die Flugzeuge zu rasch, dann flüchteten wir in den nächstbesten Hauskeller. An einem schönen Sonnentag mit blauem Himmel kamen Willi und ich gerade noch rechtzeitig bei den Stollen an. Es rollte und grollte sehr lange. Als Willi und ich aus den Stollen gingen, war es draußen sehr still. Das war es nach jedem Angriff. Diesmal aber war es unheimlich still. Das ganze Bahnhofsviertel lag in Trümmern. Der Himmel war grau hinter einem dicken Mauerstaubschleier. Willi und ich kletterten über die Trümmer. Ein Mann grub mit den Händen im Schutt. Ich konnte mir nicht vorstellen, was er in dem Schutthaufen suchte. Der Mann fand aber doch etwas. Er fand eine gläserne Christbaumkugel. Der Mann setzte sich hin, die silberne Glaskugel in seiner Hand, und weinte. Dann sahen wir

eine Frau im Schutt liegen. Die Frau hatte keinen Kopf mehr. Ich konnte nicht weiterklettern. Willi nahm mich an der Hand, zog mich fort. Er ließ meine Hand erst los, als wir die Frau ohne Kopf nicht mehr sehen konnten. Der Bahnhof brannte. Flammen leckten aus schwarzen Waggongerüsten. Zwischen Bombentrichtern ragten krummgebogene Geleise empor. Willi und ich gingen zu Fuß nach Hause in unser Dorf. Wir gingen auf dem Bahndamm und brauchten nicht aufzupassen; es fuhr kein Zug mehr. Von diesem Tag an blieben alle Schulen in der Stadt geschlossen.« (Käthe Recheis: *Als der Bahnhof brannte*)

Ein schützendes Dach besaß diese Festung ebenfalls nicht mehr. Seit 1942 warfen englische Bomber ihre tödliche Last auf deutsche Städte und Industrieanlagen. Etwa 500 000 Menschen starben durch die Luftangriffe, vier Millionen Wohnungen wurden zerstört, die Bevölkerung der großen Städte verkroch sich in Kellern oder wurde evakuiert. Die Angriffe sollten die Moral der Deutschen brechen, doch sie steigerten eher den Hass gegen die Alliierten und stärkten den Zusammenhalt der Zivilbevölkerung. Wo auch immer es ging, stachelte der Propagandaminister Goebbels die Deutschen an, den Krieg nicht verloren zu geben. Am 18. Februar 1943 lud er ausschließlich Parteimitglieder in den Berliner Sportpalast, um eine aufpeitschende Rede zu halten. Das Radio verbreitete seinen Appell überall in Deutschland. Er schrie den Menschen zu: »Wollt ihr den totalen Krieg? Wollt ihr ihn, wenn nötig, totaler und radikaler als wir ihn uns heute über-

13- bis 14-jährige Angehörige des »Jungzugs I« aus Hamburg üben die Handhabung von Gasmasken.

haupt noch vorstellen können?« Aus allen Kehlen brüllte ihm ein tausendfaches »Ja!« entgegen.

Und tatsächlich: Der Zweite Weltkrieg, Hitlers Rassen- und Vernichtungskrieg, war totaler und schrecklicher als jeder andere Krieg. Niemals zuvor hatte ein Krieg so viele Menschenleben gefordert. Weltweit starben 55 Millionen Menschen. 35 Millionen Menschen wurden verwundet, viele blieben bis an ihr Lebensende körperlich versehrt. Über drei Millionen wurden nach Kriegsende noch vermisst. Die Deutschen hatten etwa fünfeinhalb Millionen Tote zu beklagen. Die Opfer ihrer Aggression jedoch hatte es noch härter getroffen: Allein in Polen kamen sechs Millionen Menschen ums Leben, in der Sowjetunion sogar 20 Millionen. Von den 5,7 Millionen russischen Kriegsgefangen in deutschen Lagern, deren Behandlung völkerrechtswidrig war, überlebten weniger als zwei Millionen. Doch natürlich erzählen solche Zahlen nicht die Geschichten von Angst, Not, Schmerz und Grausamkeit, die hinter ihnen stehen. Was haben die sechs Millionen Juden erlitten, bevor sie von ihren nationalsozialistischen Mördern viehisch umgebracht wurden? Die Trauer ihrer überlebenden Angehörigen lässt sich durch Zahlen ohnehin nicht ausdrücken.

Das Dritte Reich hatte tausend Jahre dauern sollen, jetzt ging es einem katastrophalen Untergang entgegen. Am Abend des 6. Juni 1944 landeten amerikanische und britische Truppen an der französischen Küste und rückten gegen Deutschland vor. Von Osten stürmte die

Dresden wurde am 13./14. Februar 1945 von britischen und amerikanischen Bombern angegriffen. Über 40 000 Menschen kamen dabei um, die Stadt wurde weitgehend zerstört.

Rote Armee in Richtung Berlin und trieb endlose Flüchtlingsströme vor sich her. Am 25. April 1945 reichten sich in Torgau an der Elbe die amerikanischen und sowjetischen Truppen die Hände. Hitler hatte sich längst in seinen Führerbunker nach Berlin zurückgezogen und wartete acht Meter unter der Erde auf das Ende. Am 30. April 1945, während die sowjetischen Truppen bereits in den Straßen von Berlin kämpften, beging Hitler Selbstmord. Einige Tage nach ihm brachte sich auch Goebbels um. Am 9. Mai 1945 trat eine Minute nach Mitternacht die deutsche Kapitulation in Kraft. Der schrecklichste Krieg der Weltgeschichte, den Hitler begonnen hatte, war damit in Europa zu Ende.

Lässt sich die Vergangenheit bewältigen?

Im Mai 1945 lag Deutschland in Schutt und Asche, das Dritte Reich gab es nicht mehr. Hitlerbilder konnte man verbrennen, Hakenkreuzfahnen umarbeiten und Uniformen ausziehen. Die führenden Männer des Dritten Reichs wurden von den Siegermächten in den Nürnberger Prozessen angeklagt und wegen ihrer Verbrechen verurteilt. Doch wie ging die deutsche Bevölkerung mit den Verbrechen um? Wie verhielten sich die 8,5 Millionen Parteimitglieder der NSDAP? Konnten sie ihre Überzeugungen einfach wechseln wie ein Unterhemd?

Die Siegermächte hatten sich durchaus Gedanken über den Umgang mit den Nationalsozialisten gemacht. Sie wollten die Deutschen »entnazifizieren«, das ganze Land sollte von »nazistischen und militaristischen« Lehren gereinigt werden. Doch bald stellte sich heraus, dass die Entnazifizierung nicht funktionierte. Viele Menschen behaupteten, sie hätten nichts gesehen, nichts gehört, nichts gewusst. Um sich reinzuwaschen, bestätigten sich Parteigenossen gegenseitig, sie hätten Verfolgten bei der Flucht geholfen. Bald begann sich das Verhältnis zwischen der Sowjetunion und den USA zu verschlechtern, und die Westalliierten hatten kein Interesse mehr an der Verurteilung von Naziverbrechern.

So erhielten vor allem in Westdeutschland viele aktive Nationalsozialisten wieder führende Positionen in Behörden, Parteien und der Wirtschaft. Viele Naziverbrecher tauchten unter, flohen ins Ausland oder lebten unbehelligt in Deutschland. Häuser, Geschäfte und Fabriken, die man jüdischen Familien abgenommen hatte, blieben im Besitz von ehemaligen Parteigenossen. In Ost und West stürzten sich die

Nachwort

Als ich mit meinen Eltern das Vernichtungslager Auschwitz besuchte, war ich vierzehn. Es war kalt, mir war übel. Am Abend zuvor hatte ich etwas gegessen, das ich nicht vertrug. Auschwitz war ein seltsamer Ort. »Arbeit macht frei«, stand über dem Eingang zum Lager. Da gab es einige Häuser oder Baracken, grau, braun, rötlich-schmutzig. Ich weiß es nicht mehr so genau. Wir gingen durch verschiedene Säle, in denen wie in einem Museum dokumentiert wurde, was in Auschwitz geschehen war. Ich hatte das Gefühl, als ob wir uns Mühe gaben, nicht aufzufallen. Warum? Hinter Glas lagen Hunderte von Beinprothesen, Schuhen und Koffern. Ich wusste, dass diese Sachen den Juden abgenommen worden waren, bevor man sie in die Gaskammern getrieben hatte. Auf einem Platz stand ein Galgen. Er sah aus wie eine Schaukel oder ein Gestänge zum Ausklopfen von Teppichen. Tatsächlich hatte man an diesen Balken Menschen erhängt. Ich versuchte mir vorzustellen, wie sie die letzten Augenblicke vor dem Tod erlebt hatten. Ich fror.

Um uns herum sprachen die Menschen polnisch, englisch oder deutsch. Auch andere Sprachen, die ich nie gehört hatte. Ich weiß noch, dass ich alle beneidete, die nicht deutsch miteinander sprachen. Deutsch war die Sprache derjenigen, die für das Lager Auschwitz verantwortlich waren. Deutsch war die Sprache der Täter. Deutsch war meine Sprache. Ich sagte: »Ich muss mal nach draußen, mir ist übel.« Ich erbrach mich in den grauen Schnee. Ich schämte mich. Neugierig schauten andere Besucher des Lagers herüber. Am liebsten hätte ich ihnen gesagt, dass ich etwas Unrechtes gegessen hatte. Am liebsten hätte ich es in Englisch gesagt.

Ganz ohne Zweifel, ich schämte mich damals, ein Deutscher zu sein. Ich schämte mich für die Verbrechen, die Deutsche anderen Menschen angetan hatten. Obwohl klar war, dass ich keine Schuld an diesen Mordtaten hatte, weil ich erst viele Jahre später geboren worden war, fühlte ich mich in meiner Haut als Deutscher nicht wohl. Welche ganz persönliche Schuld trug meine Familie? Verachteten mich diejenigen, die unter den Deutschen gelitten hatten, weil ich selbst diesem Volk angehörte? Wurde von mir ein besonderes Verhalten erwartet? Musste ich als Nachkomme der Täter nicht ein schlechtes Gewissen haben?

Es kann sein, dass ich diese Fragen damals nicht in Worte gefasst habe. Trotzdem habe ich sie gefühlt. Seitdem habe ich mich sehr oft mit der Geschichte des Dritten Reichs auseinandergesetzt und auf viele Fragen für mich eine Antwort gefunden. Die Mehrzahl der Deutschen waren keine fanatischen Nazis und Judenhasser. Trotzdem haben sie aktiv oder passiv mitgeholfen, einen unvergleichlich brutalen und großen Völkermord auszuführen. Ich bin heute traurig und zornig zugleich, wenn ich daran denke, was Deutsche damals getan haben. Ich bin noch immer fassungslos, wenn ich daran denke, was die Opfer des Nationalsozialismus damals erleiden mussten. Doch ich schäme mich nicht mehr dafür, dass Deutsch meine Sprache ist, und ich in Deutschland geboren worden bin.

Als Deutscher, der zwanzig Jahre nach dem Ende des Dritten Reichs geboren wurde, habe ich vielmehr eine besondere Verantwortung gegenüber den Opfern des Nationalsozialismus. Nur indem wir ihre Geschichte erzählen und erinnern, können wir verhindern, dass die Verbrechen an ihnen auch heute noch einen Teil ihrer Wirkung entfalten. Nazi-Deutschland verfolgte und vernichtete Juden, Sinti und Roma, geistig Behinderte, Kommunisten, Sozialisten, die Zeugen Jehovas, Homosexuelle, Polen, Ukrainer, Russen und andere Europäer. Die Täter wollten damals nicht nur das Leben ihrer Opfer, sondern auch ihre Lebensgeschichten und ihre Leistungen auslöschen. Indem wir uns heute an die Millionen von Opfern und ihre Leiden erinnern, können wir verhindern, dass diese Absicht ihrer Mörder vollendet wird. Schon deshalb sollten wir die Geschichte des Dritten Reichs nicht vergessen. Es gibt weitere Gründe.

Nur wenn man sich mit der dunklen Geschichte des Dritten Reichs beschäftigt und aus ihr lernt, kann man verhindern, dass sich ähnlich finstere Kapitel in der Zukunft wiederholen. Wer sich nicht die Mühe macht, darüber nachzudenken, wie es zum Nationalsozialismus und zum Holocaust kommen konnte, wird diese Ereignisse leicht als unerklärliche Unfälle beiseite schieben. Wer sich jedoch hier das Vergessen leicht macht, wird für zukünftige politische Verführer und ihre Ideen anfällig sein. Und dürfen wir heute sicher sein, dass wir damals nicht zu den Tätern gehört hätten?

Hitlers Erfolg hatte Ursachen und Gründe. Können wir darauf bauen, dass sie völlig verschwunden sind und nie wiederkehren werden? Können wir umstandslos annehmen, dass wir nicht selbst einmal nach einem starken Mann rufen, der alle Probleme für uns löst? Ist es denn völlig ausgeschlossen, dass man in Zukunft neue Sündenböcke sucht, um sie für alle Missstände und Fehler verantwortlich zu machen?

Neue Wege und bessere Möglichkeiten tun sich nur dann auf, wenn man sich die Irrwege und schrecklichen Beispiele der Geschichte vor Augen führt. Wie wir unsere Zukunft gestalten, müssen wir selbst bestimmen. Das ist unsere Verantwortung. Wie sie nicht aussehen soll, hat uns die Geschichte des Dritten Reichs gezeigt. Die Erinnerung an diese Zeit, die wir nicht selbst erlebt haben, müssen wir deshalb wach halten. Und solange es noch Zeugen gibt, die diese Zeit erlebt haben, als Opfer, Täter oder Zuschauer, müssen wir sie fragen, wie es damals gewesen ist.

Zeittafel

1933

30. Januar: Reichspräsident Hindenburg ernennt Adolf Hitler zum Reichskanzler.

27. Februar: Der ehemalige Kommunist Marinus van der Lubbe setzt den Reichstag in Brand.

28. Februar: Die Verordnung des Reichspräsidenten »Zum Schutz von Staat und Volk« setzt zahlreiche Grundrechte außer Kraft. Jeder kann ohne gerichtliche Kontrolle willkürlich in »Schutzhaft« genommen werden. Massenverhaftungen von Kommunisten.

5. März: Reichstagswahl: Der Wahlkampf ist durch NS-Terror bestimmt.
Dennoch erreicht die Regierungskoalition unter Führung der NSDAP nur eine knappe absolute Mehrheit. Die »Gleichschaltung« beginnt.

23. März: Der Reichstag beschließt gegen die Stimmen der SPD das Ermächtigungsgesetz. Die Reichsregierung unter Hitler kann nun selbst die Verfassung ändern.

1. April: Unter der Parole »Deutsche wehrt Euch! Kauft nicht bei Juden!« hindern SA- und SS-Männer Passanten, jüdische Geschäfte und Warenhäuser zu betreten. Der Boykott wird am 3. April abgebrochen.

22. Juni: Verbot der SPD, die anderen Parteien lösen sich selbst auf.

1934

30. Juni bis 2. Juli: Hitler lässt die SA-Spitze ermorden, ebenso zahlreiche andere Gegner der Nazis. Der Weg zur Führerdiktatur ist endgültig frei.

2. August: Tod des Reichspräsidenten Hindenburg. Die Reichswehr wird auf Hitler vereidigt.

1935

13. Januar: Saar-Abstimmung gemäß Versailler Vertrag. 90,8 Prozent der Saarländer stimmen für die Rückgliederung an das Deutsche Reich.

16. März: Einführung der allgemeinen Wehrpflicht.

1936

7. März: Wehrmacht besetzt vertragswidrig das durch den Versailler Vertrag entmilitarisierte Rheinland.

1. August: Hitler eröffnet die XI. Olympischen Sommerspiele in Berlin.

25. Oktober: Vertrag über deutsch-italienische Zusammenarbeit.

1937

30. Januar: Reichstag verlängert Ermächtigungsgesetz um weitere vier Jahre.

1938

12. März: Einmarsch deutscher Truppen in Österreich. Anschluss Österreichs an das Deutsche Reich.

17. August: Alle Juden müssen den zusätzlichen Vornamen »Sarah« beziehungsweise »Israel« annehmen.

29. bis 30. September: Münchner Konferenz beschließt die Abtretung des Sudetengebiets an Deutschland. Deutsche Truppen marschieren am 1. Oktober in die Tschechoslowakei ein und besetzen das Sudetenland.

8. bis 13. November: Massenpogrome (»Reichskristallnacht«) gegen Juden.

1939

14. bis 16. März: Deutscher Einmarsch in die Tschechoslowakei, das »Reichsprotektorat Böhmen und Mähren« wird geschaffen.

25. März: Dienstverpflichtung aller Jugendlichen zwischen 10 und 18 Jahren zur HJ.

23. August: Nichtangriffspakt (»Hitler-Stalin-Pakt)« Deutschland-Sowjetunion.

1. September: Deutschland überfällt Polen ohne Kriegserklärung. Der Zweite Weltkrieg beginnt.

3. September: England und Frankreich erklären Deutschland den Krieg.

6. Oktober: Eroberung Polens abgeschlossen.

1940

9. April: Deutscher Überfall auf Dänemark und Norwegen.

10. Mai: Beginn der Besetzung Frankreichs und der neutralen Staaten Belgien, Luxemburg und Niederlande.

Herbst: Zahlreiche jüdische Gettos werden in Osteuropa errichtet.

1941

6. April: Deutscher Überfall auf Jugoslawien und Griechenland.

22. Juni: Deutschland greift die Sowjetunion an. SS-Einsatzgruppen ermorden Kommunisten, Juden, Zigeuner.

1. September: In Deutschland müssen Juden ab sechs Jahre einen gelben Stern tragen.

11. Dezember: Hitler erklärt den USA den Krieg.

1942

20. Januar: Die Wannseekonferenz stimmt Maßnahmen zur Vernichtung der europäischen Juden ab.

Ende März: Die ersten Juden aus Westeuropa und dem Reichsgebiet werden nach Auschwitz verschleppt.

Juni: Beginn der Massenvergasungen von Juden in Auschwitz-Birkenau.

1943

31. Januar bis 2. Februar: Die 6. Armee der Wehrmacht kapituliert in Stalingrad.

Januar/Februar: Schüler (Jungen und Mädchen) und Frauen werden als »Luftwaffenhelfer« dienstverpflichtet.

18. Februar: Goebbels fragt im Berliner Sportpalast: »Wollt ihr den totalen Krieg?«

28. November bis 1. Dezember: Alliierte Kriegskonferenz in Teheran: Roosevelt, Stalin und Churchill einigen sich über die Aufteilung Deutschlands.

1944

6. Juni: Die Invasion der Alliierten in der Normandie beginnt.

20. Juli: Das Attentat auf Hitler durch die Widerstandsgruppe um Graf Stauffenberg misslingt.

25. September: Alle Männer zwischen 16 und 60 Jahren werden zum »Deutschen Volkssturm« einberufen.

21. Oktober: Aachen wird als erste deutsche Großstadt von den Amerikanern besetzt.

1945

27. Januar: Auschwitz wird von sowjetischen Truppen befreit.

30. April: Selbstmord Hitlers.

7./9. Mai: Die deutsche Wehrmacht kapituliert. In Europa ist der Zweite Weltkrieg. zu Ende

Glossar

Achsenmächte

Im Zweiten Weltkrieg bildeten Deutschland, Italien und Japan die Achsenmächte, die gegen die Alliierten kämpften. Im Verlauf des Krieges traten diesem Dreimächtepakt noch Ungarn, Rumänien, die Slowakei, Bulgarien und Jugoslawien bei.

Alliierte

So nennt man die verbündeten Kriegsgegner der Achsenmächte. Die wichtigsten Mächte dieses Bündnisses waren die Vereinigten Staaten von Amerika, Großbritannien und die Sowjetunion.

Arier

Für die Nazis waren die Juden, alle »eingeborenen Rassen der nicht-europäischen Erdteile sowie die Zigeuner« keine Arier. Alle Deutschen, die kein »fremdes Blut« in sich hatten, galten als »reinrassige Arier« und gehörten zur »nordischen Rasse«, die unter den menschlichen Rassen die höchste und beste Rasse darstellte. Diese primitive und wissenschaftlich unhaltbare Rassenlehre wurde von den Nazis benutzt, um die Verbrechen an anderen Völkern zu rechtfertigen.

Arisieren

Dieses harmlos klingende Wort bedeutet, dass den Juden ihr gesamter Besitz geraubt und sie aus dem Wirtschaftsleben verdrängt wurden. Ihre Vermögen wurden arisiert, das heißt im Klartext, ihnen konnte der gesamte Besitz von »Ariern« abgepresst und weggenommen werden, weil entsprechende Gesetze und Verordnungen erlassen worden waren.

Bücherverbrennung

»Wo man Bücher verbrennt, verbrennt man am Ende Menschen«, hatte der Schriftsteller Heinrich Heine (1797-1856) geschrieben, und damit behielt er Recht. Auch Heines Bücher wurden am 10.5.1933 von deutschen Studenten verbrannt, weil er Jude und ein kritischer Geist war. In fast allen Hochschulstädten fanden an diesem Tag von der Deutschen Studentenschaft organisierte Bücherverbrennungen statt. Es wurden unter anderem Bücher von Albert Einstein, Sigmund Freud, Erich Kästner, Alfred Kerr, Thomas Mann, Karl Marx, Anna Seghers und Kurt Tucholsky verbrannt. Mit diesen Aktionen »wider den undeutschen Geist« wollten die Nazis zeigen, dass nicht einmal die Gedanken im Dritten Reich frei sein sollten. Man erstellte eine Liste mit etwa 12 400 unerwünschten Titeln und entfernte diese Bücher aus allen öffentlichen Bibliotheken. Dennoch verkauften mutige Buchhändler weiter verbotene Bücher.

Der Stürmer

So nannte sich eine judenfeindliche Wochenzeitung, die von 1923 bis 1945 erschien. Ihr einziges Ziel war es, gegen Juden zu hetzen. In jeder Ausgabe stand auf der ersten Seite »Die Juden sind unser Unglück«. Der Herausgeber dieser Zeitung Julius Streicher wurde nach 1945 vom Nürnberger Kriegsverbrechertribunal zum Tode verurteilt und anschließend hingerichtet.

Drittes Reich

Das Dritte Reich dauerte von 1933 bis 1945. Für die Nazis war das erste Reich das Heilige Römische Reich Deutscher Nation von 962 bis 1806. Das Deutsche Kaiserreich von 1871 bis 1918 galt ihnen als zweites Reich. Den Begriff »Drittes Reich« hatten nicht die Nazis erfunden, es gab ihn bereits im Mittelalter. Das Dritte Reich der Nazis sollte »tausend Jahre« dauern, doch bereits am 10.7.1939 ordnete das Propagandaministerium die Presse an, die Bezeichnung nicht mehr zu verwenden. Der Grund dafür war, dass die Gegner der Nazis bereits vom »Vierten Reich« sprachen, um sich über Hitler lustig zu machen.

Edelweißpiraten

Nicht alle Jugendlichen im Dritten Reich wollten sich ihr Leben durch die Hitlerjugend und die NSDAP vorschreiben lassen. So bildeten sich kleine Gruppen und Cliquen, die sich durch Kleidung, Frisur, durch das Hören von »undeutscher« Swing-Musik oder durch die Verweigerung des HJ-Dienstes vom militärischen Drill des Dritten Reichs abgrenzen wollten. Diese Jugendgruppen trafen sich in Parks, sie veranstalteten Ausflüge oder Feten. Solche Gruppen gab es in vielen Städten: Die »Schlurfs« (Wien), die »Meuten« (Leipzig), die »Swing-Cliquen« (Hamburg), die »Fahrtenjungs« (Düsseldorf) oder die »Fahrtenstenze« (Essen). Die »Edelweißpiraten« waren vor allem im Rhein- und Ruhrgebiet zu finden. Ihr Erkennungszeichen war ein Edelweißabzeichen, das sie an ihre Jacken hefteten. Vereinzelt war der Protest dieser Jugendlichen auch politisch ausgerichtet. Von den Nazis wurden sie als Widerstandsgruppen verfolgt und streng bestraft.

Emigration

Nach 1933 mussten viele Menschen aus Deutschland fliehen, weil sie verfolgt wurden. Etwa eine halbe Million Menschen flohen aus rassischen, 35 000 aus politischen und 5 000 aus kulturellen Gründen. Zahlreichen Verfolgten des Nazisregimes gelang die Auswanderung nicht, weil die möglichen Aufnahmeländer die Flüchtlinge nicht einwandern lassen wollten. Viele von denen, die abgewiesen wurden, bezahlten diese Politik mit ihrem Leben.

Endsieg

Mit diesem Schlagwort versuchten die Nazis in den letzten Jahren des Zweiten Weltkrieges, die Bevölkerung von der sicheren deutschen Niederlage abzulenken.

Ermächtigungsgesetz

Durch das Ermächtigungsgesetz riss die Hitler-Regierung am 23.3.1933 die Macht im Staat an sich. Dieses »Gesetz zur Behebung der Not von Volk und Reich« gab der Regierung das Recht, Gesetze zu erlassen, die ohne die Zustimmung des Parlaments und des Präsidenten wirksam wurden. Um das »Ermächtigungsgesetz« durchzusetzen, brauchte Hitler eine Zweidrittelmehrheit, mit der er die Verfassung ändern konnte. Die erforderlichen Stimmen besorgten sich die Nationalsozialisten durch Gewalt, Druck und Täuschung. Nur die Sozialdemokraten stimmten mutig mit 94 Abgeordneten gegen das »Ermächtigungsgesetz«, mit dem die demokratische Verfassung abgeschafft und die Diktatur begründet wurde.

Euthanasie

Die Nazis verherrlichten den gesunden, starken »Arier«. Kranke und schwache Menschen sollten in ihrem Staat keinen Platz haben. Im Oktober 1939 verfügte Hitler, »dass nach menschlichem Ermessen unheilbar Kranken der Gnadentod gewährt werden kann.« Daraufhin wurden vor allem psychisch kranke Menschen, aber auch Patienten mit Krankheiten wie Krebs oder Tuberkulose ermordet. Man gab ihnen Tabletten, spritzte Gift oder vergaste sie. Diesen Aktionen fielen mindestens 120 000 Menschen zum Opfer.

Flakhelfer

Die Abkürzung »Flak« heißt Flugabwehrkanone. Seit 1943 konnten 17-jährige Schüler als Hilfskräfte an Flakgeschützen eingesetzt werden. Deshalb wurden sie »Flakhelfer« genannt. Bald jedoch arbeiteten viele völlig selbständig als Kanoniere. Im Sommer 1944 gab es über 50 000 Flakhelfer, von denen viele den Krieg nicht überlebten.

Gaskammern

Um die Vernichtung der europäischen Juden zu beschleunigen, installierte die SS in den Vernichtungs- und Konzentrationslagern Gaskammern. Diese Tötungsmaschinen waren als Duschräume getarnt. An der Decke waren Duschköpfe befestigt, die Räume waren gekachelt, durch große Rohrleitungen schien Wasser zu laufen. Den Opfern sagte man, sie müssten duschen. Die Menschen wurden nackt in die Gaskammer getrieben, dann schloss man die Räume luftdicht ab und ließ Giftgas einströmen. Spätestens nach einer halben Stunde waren alle qualvoll gestorben. Anschließend zog man den Toten die Ringe von den Fingern und brach ihnen das Zahngold aus dem Mund. Die Leichen verbrannte man in riesigen Öfen. In einer

Gaskammer konnten täglich mehrere tausend Menschen getötet werden. Die größte dieser Vergasungsanlagen stand in Auschwitz-Birkenau.

Gestapo

Das ist die Abkürzung für Geheime Staatspolizei, die politische Polizei der Nationalsozialisten. Sie konnte ohne Kontrolle durch die Gerichte Hausdurchsuchungen durchführen, Menschen verhaften, verhören, foltern und töten. 1944 gehörten der Gestapo etwa 40 000 Personen an. Ihre Wirkung konnte die Gestapo aber nur entfalten, weil viele Bürger als Spitzel für sie arbeiteten.

Gleichschaltung

Am 30.1.1933 hatten die Nazis zwar die Macht übernommen, aber eben nur einen Teil der Macht. Deshalb wurde das »Gesetz zur Gleichschaltung der Länder mit dem Reich« (31.3.1933 und 7.4.1933) erlassen, das die Parlamente der einzelnen Länder entmachtete. Der Führer und die NSDAP wollten alle gesellschaftlichen Bereiche beherrschen. So übernahmen sie die Polizeigewalt, verboten andere Parteien, zerschlugen die Gewerkschaften oder zwangen die Bauern, sich im »Reichsnährstand« zu organisieren. Die Kultur sollte durch die »Reichskulturkammer« und das »Reichsministerium für Volksaufklärung und Propaganda« kontrolliert werden. Wer Widerstand leistete, wie viele Gewerkschafter oder Priester, wurde von der SA bedroht, misshandelt oder ermordet.

Hakenkreuz

Das Hakenkreuz wurde in verschiedenen Kulturen als Glückszeichen verehrt und ist über 6 000 Jahre alt. Ab 1900 benutzten es verschiedene Gruppen als judenfeindliches Symbol. Die NSDAP machte es 1920 zu ihrem Kennzeichen. Im Dritten Reich wurde die Hakenkreuzfahne zur Reichsflagge. Das Hakenkreuz war im Alltag überall zu sehen: Auf Plakaten, Fahnen, Armbinden, Bauten, Parteiformularen, auf Zeitungen. An nationalen Feiertagen wurde die Bevölkerung gezwungen, Hakenkreuzfahnen aus dem Fenster zu hängen.

Heil Hitler

Seit 1925 die übliche Grußform innerhalb der NSDAP. Bei Begrüßungen wurde der rechte Arm gehoben und »Heil Hitler« ausgerufen. Stand man Hitler persönlich gegenüber, hatte man mit »Heil, mein Führer« zu grüßen. Dieser Gruß wurde auch Hitler-Gruß oder Deutscher Gruß genannt. Nach 1933 war der Deutsche Gruß in der Öffentlichkeit verbindlich. Zwar gab es keine staatliche Vorschrift, mit »Heil Hitler« zu grüßen, die Unterlassung war aber verdächtig und konnte bestraft werden. Amtliche Schriftstücke schlossen immer »Mit deutschem Gruß Heil Hitler« oder nur mit »Heil Hitler«.

Hitlerjugend

Die Jugendorganisation der NSDAP hieß Hitlerjugend (HJ), den Namen HJ erhielt sie bereits 1926. Baldur von Schirach wurde 1931 zum Reichsjugendführer der NSDAP und 1933 zum Jugendführer des Deutschen Reiches ernannt. In dieser Funktion baute er die HJ zur Staatsjugend aus, alle anderen Jugendverbände, außer den kirchlichen, wurden verboten. Spätestens seit 1939 war die Mitgliedschaft in der HJ Pflicht. Nach Einführung der Zwangsmitgliedschaft am 25.3.1939 gelang es, die Mitgliederzahl auf 8,7 Millionen zu steigern. Durch die HJ sollten alle Jugendlichen zu Gehorsam, Disziplin und kriegerischer Angriffslust erzogen werden.

Holocaust

So nennt man die Ermordung von etwa sechs Millionen europäischen Juden durch Nazideutschland. In Deutschland hat sich diese Bezeichnung erst eingebürgert, nachdem die gleichnamige amerikanische Fernsehserie 1979 mit großem Erfolg im deutschen Fernsehen lief. In Israel spricht man heute von der »Schoa« oder »Shoah«.

Judenstern

Der Judenstern war handtellergroß, gelb, sechszackig und schwarz umrandet. In seiner Mitte stand das Wort »Jude«. Seit dem 19.9.1941 mussten ihn alle Juden im Deutschen Reich, die älter als sechs Jahre waren, auf der linken Brustseite tragen. Im besetzten Polen war der Judenstern schon am 23.11.1939 eingeführt worden. 1942 trat diese Verordnung dann in allen von Deutschen besetzten Gebieten in Kraft. Mit diesem Zeichen wollten die Nazis die Juden öffentlich demütigen. Im April 1942 mussten die Juden schließlich auch noch die Türen ihrer Wohnungen mit dem Judenstern kennzeichnen.

Kraft durch Freude (KdF)

In Diktaturen wollen die Herrscher auch die Freizeit ihrer Untertanen kontrollieren und bestimmen. Zu diesem Zweck gründeten die Nazis die Organisation »Kraft durch Freude« (KdF). Die KdF-Gemeinschaft organisierte Theateraufführungen, Konzerte, Vorträge, Sportveranstaltungen und Ausstellungen. Die KdF veranstaltete Wanderausflüge, preiswerte Urlaubsreisen und Kreuzfahrtreisen mit eigenen Kreuzfahrtschiffen. Das Ziel aller Aktivitäten war die Werbung für Hitler und seinen Staat.

KZ

Hinter den Buchstaben steckt ein Wort, das die Menschen im Dritten Reich fürchteten: Konzentrationslager (KZ). In diese Gefangenenlager verschleppten die Nazis all diejenigen, die von ihnen als Feinde betrachtet wurden und nicht zur »Volksgemeinschaft« gehören sollten: Sozialdemokraten, Kommunisten, Priester, Obdachlose, »Zigeuner«, Homosexuelle, Kriegsgefangene, vor allem aber Juden. Nachdem der Krieg ausgebrochen war, wurden KZ-Häftlinge kaum noch freigelassen. Sie sollten durch Arbeit vernichtet werden. Zwölf Stunden und mehr mussten sie für die deutsche Industrie und Rüstungswirtschaft arbeiten. Die Gefangenen litten unter Kälte, Unterernährung, Krankheiten, Ungeziefer und dem ständigen Terror der Wachmannschaften. Viele Häftlinge wurden von SS-Ärzten für medizinische Experimente missbraucht. Zwischen 1933 und 1945 wurden in den Konzentrationslagern, die der SS unterstanden, mehrere Millionen Menschen ermordet.

Nürnberger Gesetze

Am 15.9.1935 wurden in Nürnberg auf dem Reichsparteitag der NSDAP die berüchtigten Rassengesetze verkündet, die fortan »Nürnberger Gesetze« genannt wurden. Das Gesetz »zum Schutz des deutschen Blutes und der deutschen Ehre« verbot Eheschließungen und außerehelichen Sex zwischen Juden und »Deutschblütigen«. Wer solche Beziehungen unterhielt, machte sich der »Rassenschande« schuldig. Das

»Reichsbürgergesetz« raubte Juden und anderen Bürger »nichtarischen Blutes« ihre politischen Rechte und machte sie zu Bürgern zweiter Klasse. Die »Nürnberger Gesetze« bestimmten auch, wer als Jude zu gelten habe. Mit diesen Gesetzen stellten sich die Nazis einen Freibrief für ihre mörderische Judenjagd aus.

Nürnberger Prozesse

Die Nürnberger Prozesse fanden vom 20.11.1945 bis zum 1.10.1946 statt. Vor dem Internationalen Militärtribunal (IMT) der Siegermächte England, Frankreich, USA und Sowjetunion mussten sich hier die führenden Männer des Dritten Reichs wegen ihrer Verbrechen verantworten. Viele der führenden Nazis wie Hitler, Goebbels oder Göhring hatten sich bereits vorher das Leben genommen und konnten nicht mehr zur Rechenschaft gezogen werden. Von den 24 Angeklagten wurden 12 zum Tode verurteilt.

Die wichtigsten Parteien der Weimarer Republik

Staatstragende Parteien

Die **SPD** vertrat vor allem die Interessen der Arbeiter und prägte den Übergang vom Kaiserreich zur Demokratie entscheidend mit. Die Partei Friedrich Eberts stellte bis 1930 mehrfach den Reichskanzler. Als einzige Partei stimmte sie am 23.3.1933 gegen Hitlers Ermächtigungsgesetz. Am 22.6.1933 wurde die SPD verboten.

Das **Zentrum** war die Partei der katholischen Kirche. Sie war bis 1932 an allen Regierungen der Weimarer Republik beteiligt. Die Stimmen der Zentrumsabgeordneten halfen Hitler, das Ermächtigungsgesetz durchzusetzen.

Die **Deutsche Demokratische Partei (DDP)** gehörte anfangs zu den wichtigsten Parteien der Weimarer Republik, verlor aber immer mehr an Einfluss. Die DDP verstand sich als Sammelbecken für National- und Linksliberale. 1930 rückte die Partei nach rechts und nannte sich Staatspartei, doch das hielt ihren Abstieg nicht auf. Die letzten fünf Abgeordneten stimmten für Hitlers Ermächtigungsgesetz.

Die **Deutsche Volkspartei (DVP)**, die von Gustav Stresemann gegründet worden war, lehnt die Republik zunächst ab und vertrat monarchistische Ziele. Als Stresemann Außenminister wurde, fand sich die Partei mit der Republik ab. Nach dem Tod Stresemanns jedoch schwenkte die Partei wieder nach rechts, verlor ihre Wähler aber bald an radikalere Parteien.

Staatsfeindliche Parteien

Die **Kommunistische Partei Deutschlands (KPD)** wollte eine Revolution der Arbeiterklasse. Hitler betrachtete die Kommunisten als seine härtesten Feinde und ließ sie nach dem Reichstagsbrand gnadenlos verfolgen. Die KPD versuchte, illegal in Deutschland weiterzuarbeiten.

Die **Deutschnationale Volkspartei (DNVP)** war von Anfang an antisemitisch und gegen die Republik. 1933 trat die DNVP in die Hitler-Regierung ein und verschaffte ihm die absolute Mehrheit.

Die **Nationalsozialistische Deutsche Arbeiterpartei (NSDAP)** ging 1920 aus der Deutschen Arbeiterpartei (DAP) hervor. Seit 1921 bestimmte Hitler die Politik der Partei wie ein Diktator. Die NSDAP hetzte gegen den Versailler Vertrag, die Republik und die Juden. Nach dem Hitler-Putsch wurde die NSDAP verboten, am 27.2.1925 aber neu gegründet. Die Mitgliederzahl wuchs von 6 000 (1922) auf 400 000 (1930) und erreichte Anfang 1933 1,5 Millionen.

Pimpf

Die Hitlerjugend (HJ) war nach Altersklassen eingeteilt. Die Jungen zwischen 10 und 14 Jahren nannte man Pimpfe. Ihre Organisation innerhalb der HJ hieß Deutsches Jungvolk.

PG

Mitglieder der NSDAP wurden Parteigenosse oder Parteigenossin genannt. Die Abkürzung dafür ist PG. Viele Deutsche traten nach 1933 in die NSDAP ein, weil sie Angst vor beruflichen Nachteilen hatten. Die Mitgliedschaft in der NSDAP war zwar keine Pflicht, aber häufig wurde durch Drohungen massiver Druck ausgeübt, der Partei beizutreten.

Reichskristallnacht

So bezeichnet man die Nacht vom 9. zum 10. November 1938, in der SA, SS und HJ in ganz Deutschland jüdische Gebetshäuser in Brand setzten und unzählige jüdische Wohnungen und Geschäfte verwüsteten und zerstörten. In dieser Nacht wurden 91 Menschen ermordet und 30 000 jüdische Männer und Jugendliche in Konzentrationslager verschleppt. Die Nazis behaupteten, dass dieser Pogrom die spontane Antwort des Volkes auf die Ermordung des deutschen Diplomaten Ernst vom Rath gewesen sei. Das war reine Propaganda. Der Diplomat war von dem 17-jährigen Juden Herschel Grünspan niedergeschossen worden, weil er gegen die Verfolgung seiner Familie und der Juden protestieren wollte. Daraufhin organisierten Hitler und Goebbels diese Aktion als brutale Rache. Sie wurde verharmlosend als Reichskristallnacht bezeichnet, weil die Straßen nach den Ausschreitungen mit Scherben übersät waren.

Reichsparteitage

Auf Parteitagen demokratischer Parteien wird diskutiert, denn die Mitglieder sollen gemeinsam politische Ideen und Programme entwickeln. Die Reichsparteitage der NSDAP dagegen hatten nur einen Zweck: Kraft und Stärke des Nationalsozialismus zeigen. Hunderttausende standen in Reih und Glied, marschierten, sangen und riefen »Heil Hitler!«. Fahnenmeere und spektakuläre Lichtshows sollten die Menschen beeindrucken und ihre Sinne überwältigen. Im Mittelpunkt des riesigen Spektakels stand der Führer, der hier wie ein Gott verehrt wurde. Die Reichsparteige fanden seit 1927 immer in Nürnberg statt.

Schutzhaft

Wer sich den Nazis nicht fügen wollte, wem sie misstrauten, und wer andere Meinungen hatte als sie, wurden von ihnen in Schutzhaft genommen; das heißt, man sperrte diese Menschen einfach in ein Konzentrationslager. In einer Demokratie muss der Verhaftete nach 48 Stunden wieder freigelassen werden, wenn nicht ein Richter das Gegenteil bestimmt. In einer Diktatur wie dem Dritten Reich hatte man kaum rechtliche Mittel, um gegen die Schutzhaft zu protestieren. 1936 wurde sogar ein Gesetz erlassen, das bestätigte, was bereits alle wussten: Die Geheime Staatspolizei konnte einsperren, wen sie wollte, ohne dass man etwas dagegen unternehmen konnte. Zwischen 1933 und 1939 brachten die Nazis zwischen 350 000 bis 500 000 Menschen in ihre Konzentrationslager und hielten sie dort solange fest, wie sie es wollten.

SS

Die Schutzstaffel (SS) war die mächtigste Organisation im Dritten Reich. Ihre Mitglieder trugen schwarze Uniformen und wurden deshalb »Schwarzhemden« genannt.

Ursprünglich war die SS Hitlers private, auf ihn eingeschworene Leibwache und bestand aus kaum mehr als 100 Mann. Seit 1929 war Heinrich Himmler Führer der SS. Unter seiner Führung wurde die SS zu einer riesigen, weitverzweigten Organisation. Die Konzentrationslager unterstanden der Gewalt der SS. Die Mitglieder der SS waren in ganz Europa gefürchtet. Sie folterten und mordeten, ganz gleich, ob es sich um Frauen, Kinder, alte Menschen oder Männer handelte. Die SS verstand sich als Elite der »arischen Herrenmenschen«. Sie ist für die Vernichtung der europäischen Juden und für die Ermordung politischer Gegner und anderer Völker verantwortlich.

Totaler Krieg

Nachdem die Wehrmacht die Schlacht um die russische Stadt Stalingrad verloren hatte, war fast allen Deutschen klar, dass der Krieg verloren war. Die Bevölkerung war kriegsmüde. Deshalb rief der Propagandaminister Goebbels am 18.2.1943 in einer Rede im Berliner Sportpalast den »totalen Krieg« aus. Durch den »totalen Krieg« sollten die allerletzten Kraftreserven, der Wille zum Durchhalten und die entscheidende Kampfkraft der deutschen Bevölkerung aktiviert werden. In den Rüstungsbetrieben wurde jetzt 14 statt 12 Stunden gearbeitet, alle kriegsunwichtigen Betriebe wurden geschlossen, man verschleppte noch mehr Zwangsarbeiter. Wer am deutschen »Endsieg« zweifelte oder einen Witz darüber machte, konnte wegen Wehrkraftzersetzung zum Tode verurteilt werden.

Vernichtungslager

Die Vernichtungslager waren spezielle Tötungsfabriken, die mit Gaskammern und Verbrennungsöfen ausgerüstet wurden. In diesen Lagern sollten alle europäischen Juden ermordet werden. Es gab sechs solcher Lager in Polen. Sie hießen: Auschwitz-Birkenau, Chelmno, Belzec, Sobibor, Majdanek und Treblinka.

Völkischer Beobachter

Im Dezember 1920 kaufte sich die NSDAP diese Zeitung, um Werbung für ihre Ziele und Ideen zu machen. Seit 1923 erschien der »Völkische Beobachter« täglich und trug den Untertitel »Kampfblatt der nationalsozialistischen Bewegung Großdeutschlands«. Seit 1933 war der VB gleichsam die offizielle Stimme der Regierung und des Führers Adolf Hitler.

Volksgemeinschaft

Bringt man die Menschen dazu, ihre verschiedenen Ansprüche und Hoffnungen aufzugeben, kann man sie umso besser lenken und manipulieren. Mit diesem Trick arbeiteten die Nazis. Immer wieder beschworen sie die »Volksgemeinschaft« durch Reden, Feste, Feiertage und Kundgebungen. »Über Klassen und Stände, Berufe, Konfessionen und alle übrige Wirrnis des Lebens hinweg erhebt sich die soziale Einheit der deutschen Menschen ohne Ansehung des Standes und der Herkunft, im Blute fundiert, durch ein tausendjähriges Leben zusammengefügt, durch das Schicksal auf Gedeih und Verderb verbunden.« So malte Hitler sich und seinen Zuhörern die nationalsozialistische Volksgemeinschaft aus. Wer sich als ein Teil der »Volksgemeinschaft« empfand, sollte den Befehlen des Führers und seiner Stellvertreter gehorchen, ohne nachzudenken. »Gemeinnutz geht vor Eigennutz«, behaupteten die Nazis, dabei hatten sie aber vor allem den eigenen Nutzen im Auge.

Volksgenosse

Wenn Hitler eine Rede hielt, dann sprach er die Zuhörer fast immer als »Volksgenossen und Volksgenossinnen« an. Durch diese Anrede wollte er die sozialen Unterschiede zwischen den Menschen verwischen. Jeder sollte sich als ein Teil der »Volksgemeinschaft« fühlen und die eigene Persönlichkeit vergessen. Die Nazis gaben dem Begriff »Volksgenosse« auch eine rassische Bedeutung. Im Parteiprogramm der NSDAP stand: »Volksgenosse kann nur sein, wer deutschen Blutes ist, ohne Rücksichtnahme auf Konfession. Kein Jude kann daher Volksgenosse sein.«

Volkssturm

Noch kurz vor Kriegsende ließ Hitler diese militärische Truppe aufstellen. Sie bestand aus Jugendlichen und Männern zwischen 16 und 65 Jahren, die noch nicht zum Militär hatten einrücken müssen, weil sie zu jung, zu alt oder zu krank waren. Sie wurden sehr rasch und sehr schlecht ausgebildet. Sehr viele starben in den letzten Kriegstagen.

Weiße Rose

Der Kern dieser Widerstandsgruppe bestand aus jungen Studenten, unter ihnen die Geschwister Hans und Sophie Scholl. Sie verteilten heimlich Flugblätter, die gegen den Nationalsozialismus gerichtet waren. Nachts schrieben sie Parolen wie »Nieder mit Hitler«, »Hitler Massenmörder« oder »Freiheit« an Münchner Gebäude. Bei der Verteilung ihres letzten Flugblattes wurden sie vom Hausmeister der Münchner Universität beobachtet und verraten. Hans, Sophie und andere Mitglieder ihrer Gruppe wurden am 18.2.1943 verhaftet und durch das Fallbeil hingerichtet.

Zwanzigster Juli 1944

An diesem Tag sollte der Führer des Dritten Reichs umgebracht werden. Claus Graf Schenck von Stauffenberg hatte eine Bombe im Führerhauptquartier deponiert. Durch das Attentat auf den Tyrannen wollten hohe Militärs, ehemalige Politiker, Gewerkschafter und Diplomaten einen Umsturz herbeiführen. Doch Hitler wurde nur leicht verletzt, und deshalb scheiterte die Verschwörung. Noch in derselben Nacht wurden Stauffenberg und drei Mittäter erschossen, Hunderte Verdächtige wurden von der Gestapo in Haft genommen, etwa 180 Personen wurden hingerichtet.

Zyklon B

Mit diesem Giftgas auf Blausäurebasis wurden allein in Auschwitz mindestens eine Million Menschen umgebracht. In anderen Vernichtungslagern wurde die Opfer zumeist mit Kohlenmonoxyd aus Flaschen und Motorabgasen ermordet. Zyklon B tötete die Menschen durch Atemlähmung. Ursprünglich wurde es von der Firma Tesch und Stabenow (Hamburg) für die Marine entwickelt, um Schiffsräume, die von Ratten befallen waren, zu desinfizieren.

Bücher zum Weiterlesen

Bedürftig, Friedemann: *Taschenlexikon Drittes Reich*, Piper 1998.

Benz, Wolfgang: *Legenden, Lügen, Vorurteile*, DTV 1992.

Benz, Wolfgang: *Der Holocaust*, C. H. Beck 1999.

Burger, Horst: *Warum warst Du in der Hitler-Jugend? Vier Fragen an meinen Vater*, Rowohlt 1988.

Dijk, Lutz van: *Die Attentäter. Herschel Grynszspan und die Vorgänge um die »Kristallnacht,«* Rowohlt 1988.

Engelmann, Bernt: *Wie wir die Nazizeit erlebten*, Steidl 1993.

Eppler, Erhard: *Als die Wahrheit verordnet wurde. Briefe an meine Enkelin*, Suhrkamp 1997.

Grün, Max von der: *Wie war das eigentlich? Kindheit und Jugend im Dritten Reich*, Luchterhand 1979.

Hermand Jost: *Als Pimpf in Polen. Erweiterte Kinderlandverschickung*, Fischer 1993.

Hilberg, Raul: *Täter, Opfer, Zuschauer. Vernichtung der Juden 1933-1945*, Fischer 1999.

Jens, Inge (Hrsg.): *Hans Scholl und Sophie Scholl. Briefe und Aufzeichnungen*, Fischer 1994.

Kerr, Judith: *Als Hitler das rosa Kaninchen stahl*, Ravensburger 1979.

Petri, Walther (Hrsg.): *Das Tagebuch des David Rubinowicz*, Beltz 1988.

Rogasky, Barbara: *Der Holocaust. Ein Buch für junge Leser*, Rowohlt 1999.

Roth, Harald (Hrsg.): *Verachtet, Verstoßen, Vernichtet. Kinder und Jugendliche unterm Hakenkreuz*, Arena 1995.

Spiegelman, Art: *Maus. Die Geschichte eines Überlebenden*, Rowohlt 1995.

Verroen, Dolf: *So geht es dir, wenn Krieg ist*, Fischer 1995.